記憶台灣 1

從生活文化、教育信仰，看見台灣多元視角的每一幕

胡川安

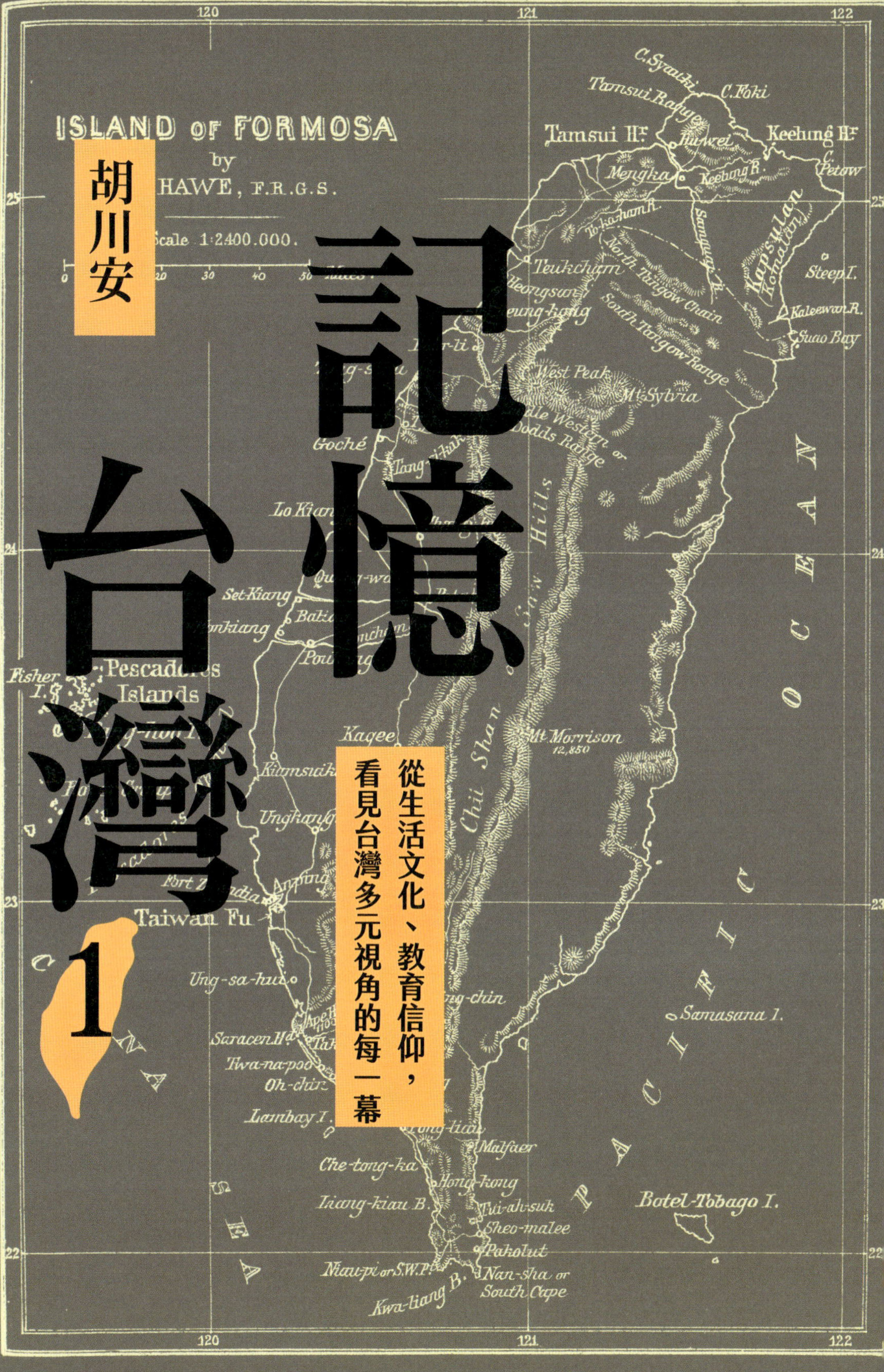

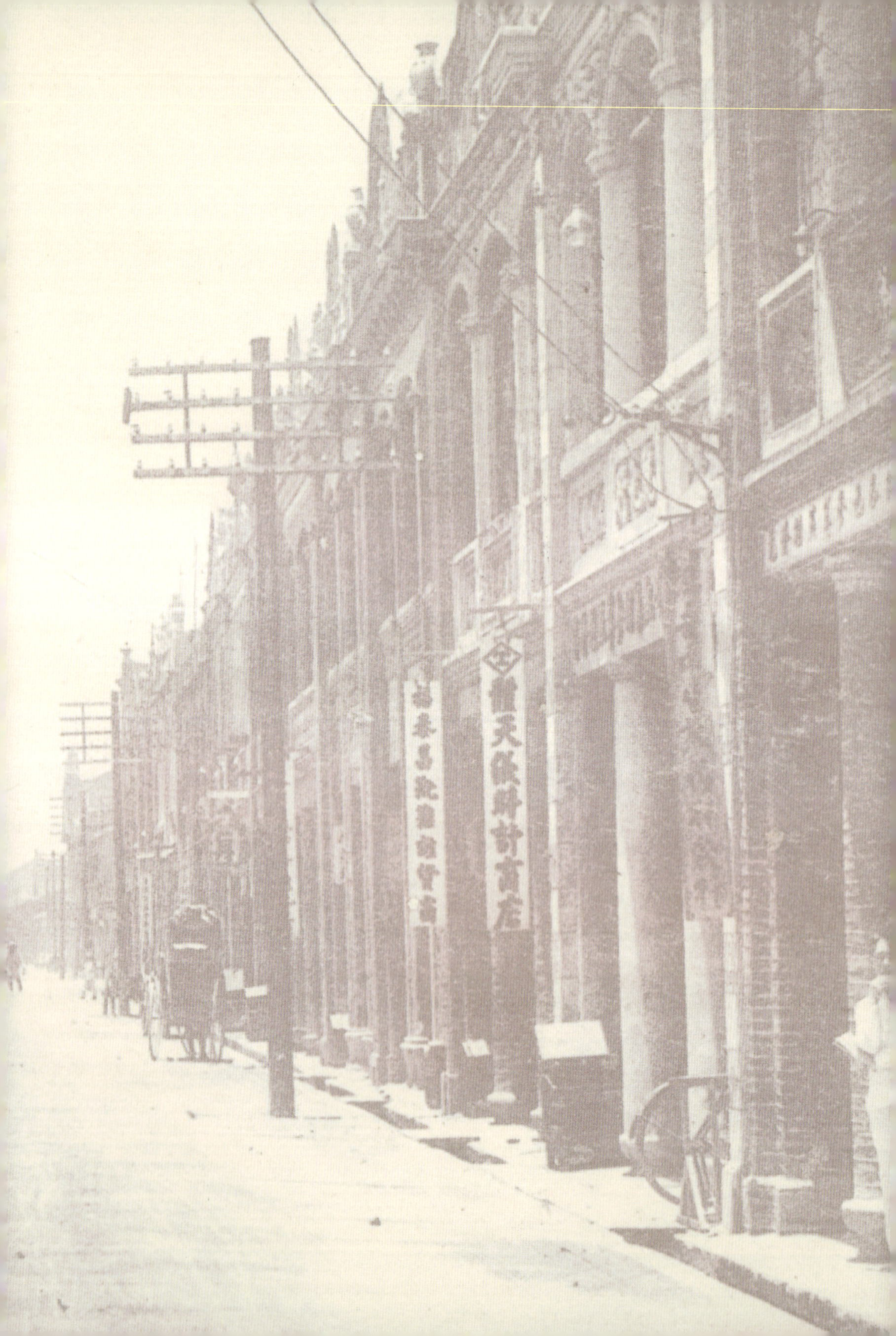

目次

導讀／我們如何記憶台灣 007

輯一 物品中的台灣記憶

炊飯的記憶：大同電鍋與電子炊飯器 014
台灣有個阿里山：阿里山與小火車 017
摩托車的記憶：摩托車瀑布 022
鐵路的記憶：從縱貫鐵路到高鐵 027
制服的歷史記憶 033
藝術記憶的重生：《甘露水》 038
大稻埕繁華的記憶：《南街殷賑》 043
連結百年前的祖靈記憶：四面木雕祖靈柱 047

輯二 生活文化中的台灣記憶

小吃的記憶 052
月餅與烤肉：中秋的回憶 057

泡麵的記憶 060
便當的記憶 065
台灣茶文化的記憶 070
辦桌的記憶 074
旅行的歷史記憶：台灣八景 078
書店的歷史記憶 083
台灣人的英語記憶：彭蒙惠 087
秋海棠的中國記憶 091
講國語的歷史記憶 096
國歌的記憶 102
民歌的記憶 105
國球的記憶 109
華人的巨星回憶：鄧麗君 113
禁歌的歷史記憶 117
戲台的記憶：歌仔戲 121
粽子與端午的記憶 125
春節的記憶 129
英雄、瘟疫與保衛鄉土的回憶：王爺信仰 133

好兄弟的記憶 136
8＋9的記憶：陣頭文化與八家將 140
台灣人的慈濟記憶 144
颱風的歷史記憶 147
大型傳染病的記憶：武漢肺炎，還是新冠肺炎？ 152

輯三 空間與紀念館的台灣記憶

從柑仔店到便利商店的記憶 158
市場的記憶：嘉義東市場 162
竹籬笆的遷徙記憶：四四南村 167
恢復城市的記憶：高雄車站 171
腳踏車王國的記憶：自行車文化探索館 175
大學的記憶 180
地牛翻身：地震的歷史記憶 九二一地震教育園區 184
漫畫的記憶：國家漫畫博物館 188
雲林布袋戲館 191
台北的咖啡記憶：明星咖啡廳 195
台灣的電影記憶：國家電影及視聽文化中心 199

土地公的歷史記憶 204

玄天上帝 207

新埔義民廟 211

鹿港小鎮與媽祖的記憶 216

國姓爺魂歸何處？台南鎮門宮 222

蘭陽平原的造紙回憶：中興紙廠 226

參考書目 230

導讀

我們如何記憶台灣

「被遺忘才是真正的死亡。」

迪士尼電影《可可夜總會》裡面對於墨西哥人而言，死亡是生命的一個過程，靈魂死後會回到可可夜總會，構成一個完整的生命週期，但如果在人間沒有活人記得的時候，靈魂就會從夜總會徹底的消失，真正的死亡了！

記憶是主動的，遺忘則被動的。

過去發生了無數的事情，像水流一般流逝，我們可以選擇記住一些事情，但無法選擇要忘記什麼，所以人類建造了紀念性建築來讓記憶可以更長，為政權、為宗教、為自己獨特的認同，讓記憶可以跨越更長的時間。

一九〇三年，奧地利史學家Alois Riegl在《紀念碑的現代崇拜：它的性質和起源》提到，紀念性的建築不只存在於明確意圖的紀念建築中，也包含一開始沒有意圖成為紀念物，隨著時代和社會的變化，賦予了紀念性的價值，而存在我們的記憶中。

除了紀念性的建築，我們共同經歷過的生活讓我們有共同的回憶，一首傳唱的金曲，或是一首被禁的歌，或是一起參與的宗教儀式、一起享用的食物、一起接受過的教育和一段獨裁政權統治下的生活。

記憶是人與有形和無形事物接觸的過程，聯合國每年都登錄世界遺產的申請，一個是有形的物質文化遺產；一則是非物質的，文化不只附著在物質上，也在看不見，但我們都感受得到的飲食文化、宗教、藝術、建築、空間和文學之上。

二〇一三年六月，聯合國教科文組織（UNESCO）世界遺產委員會將富士山列為世界文化遺產的名單之一，為日本的第十七項世界遺產。如果要找出日本文化的最佳象徵，富士山無疑是最好的一個。富士山不僅是一座山、一座美麗的山、也是朝拜的聖地、信仰的中心、文化的原鄉、藝術家與作家的靈感泉源。聯合國教科文組織就是將富士山記錄為「信仰的對象和藝術的泉源」。一座山是各種記憶的核心。

聯合國教科文組織在同年也正式將「和食」納入世界非物質文化遺產名錄，因其強調食材多樣化與新鮮，重視食材特有的味道，又能表現自然之美和四季感，食物和飲食文化背後的非物質意涵也是記憶所繫之物。同理，我們從小吃的辦桌、小吃、泡麵、端午節的粽子和中秋節的月餅都是我們記憶所繫的食物。

從人類學的角度來看，最早的牟斯（Marcel Mauss）已經提出「禮物經濟」的概念，傳統社會透過物品維繫情感，同時在交換的過程，也穩定了社會地位，非功利性和錢財的物品，能夠作為累積社會的象徵資本。一個物品、空間、紀念碑、紀念館、地景，在社會中傳遞或是對待的方式，還有「情感與記憶的投射」。

一個群體共享、傳承或者一起做的事情或物品構成集體記憶，一個社會中有多少不同的團體與制度，就會有相應的集體記憶；而且無論是階級、家庭、協會、宗教、團體、軍隊以及工會，都擁有由各自團體成員所建構而成的獨特記憶。保羅．康納頓的《社會如何記憶》，認為人類的身體就是記憶的保留和繁衍這種集體過程所進行的地方，而皮埃爾．諾哈研究地方與空間（lieux de memoire，又譯為記憶的場所）的《記憶所繫之處》，他指出：

> 一個「記憶的場所」是任何重要的東西，不論它是物質或非物質的，由於人們的意願或者時代的洗禮（英譯為 the work of time）而變成一個群體的記憶遺產中標誌性的元素（這裡所指的是法國社會）。

台灣社會開始討論「集體記憶」的概念，在一九九〇年代之後，以往在媒體上很少看到，學術界討論的也不多。由於國民黨長期的一黨獨大，加上軍事戒嚴的執行，社會在高壓統治下，從政治、教育和文化都只能有一種官方強制的記憶形態，透過各種社會系統形塑出一種文化霸權，用來壓抑各種不同團體的聲音。

以前上地理課的時候，老師指著黑板上的地圖說我國就像：「秋海棠」，而且我國的疆界最東到烏蘇里江與黑龍江交界口，最西到帕米爾高原的噴赤河，最南在曾母暗沙，最北到薩彥嶺，現在感覺很荒謬，但那個時代我們每個人的記憶和認知裡都將之視為是無可置疑的一部分，而且決定了成績的高低和未來的出路，荒謬的記憶構成了我們教育的一部分。

二二八的紀念碑成為人們對於過去大屠殺的記憶所繫之處，綠島監獄的白色恐怖紀念園區本來都沒有刻意讓人回想過去獨裁與戕害人權的歷史，但民主化之後，提醒後世過去踐踏人性尊嚴，摧毀自由價值的錯誤，才能理解台灣民主化的過程。

一九八〇年代初期的各種被壓制的記憶，透過社會運動，加上一九八七年解除戒嚴等，擁有不同聲音的人嘗試將塵封的記憶解鎖，讓過往霸權的單一記憶打開，也回顧了我們過往的歷史。

這兩本書嘗試用記憶的角度思考台灣的歷史和文化，第一本從生活文化、宗教信仰和教育休閒理解我們記憶的構成，從物品、生活文化、空間與紀念館，具體的思考我們記憶的形成。第二本書從國族、政治、人文和地景，在物品、空間、自然與人文的地景看島嶼不同族群與土地間交雜出來的記憶。一本從日常生活，從下而上；一本從政治和複雜的國族認同，從上而下，思考我們記憶構成的複雜多樣性。

《記憶台灣1：從生活文化、教育信仰，看見台灣多元視角的每一幕》

本書的輯一從物品與我們記憶的塑造與重建開始說起，我們每個人成長過程中的大同電鍋，台灣國民交通工具機車，還有南來北往的鐵路和高鐵，或是以往我們成長過程要穿的制服，也有每個中國人聽到台灣就會唱起的「台灣有個阿里山」，這些都存在每個人的記憶中，透過集體的創造，在我們腦袋裡形成、改變又轉化，成為我們的一部分。

輯二我關心生活中的記憶，前幾年傳染全球的肺炎是「武漢」還是「新冠」都說明了不同記憶的形式，由此我們也可以思考生活中的不同場景，從過節的方式、祭祀的儀式、飲食的差異、旅行的想像，還有讓我們振奮人心的棒球記憶，或是充滿爭議的國歌記憶，甚至颱風假度過的方式，都形成了我們在台灣生活的獨特性，也讓我們彼此聯繫在一起。

輯三則用紀念館和空間講述台灣的生活記憶，從咖啡廳、車站、市場、便利商店、寺廟、大學、博物館、文化園區都與我們記憶息息相關，一個車站可以看到高雄城市記憶的恢復、一間咖啡廳可以看到台灣文學的記憶、一間寺廟可以看到鄭成功與清廷間記憶的鬥爭、一間腳踏車探索館可以看到台灣人的騎乘記憶……每個空間都有我們的影子，存在我們的心中與記憶裡。

我嘗試透過九十九個物品、空間、紀念碑、場域、地景來說明台灣記憶的複雜性，透過現在書寫過去，透過生活理解歷史、透過有形且無形的資產、透過自然和人文的地景說明台灣的記憶紛雜，不同族群、宗教、階級、意識形態和文化團體都讓我們的記憶拼盤多元、豐富且相互競爭，沒有人的記憶是百分之百正確的，也沒有誰能壓制他人的記憶，我提供一個多元的組合，讓大家在其中都能看到他人的記憶，也能看到自身的。

為什麼寫了九十九個？因為記憶永遠不完整，永遠沒有百分之一百，還有些缺環、有些空白，需要我們去填補、去創造、去探索，才能慢慢的接近，然後思考歷史的面貌。

輯一

物品中的台灣記憶

炊飯的記憶：大同電鍋與電子炊飯器

香噴噴的米飯是我們餐桌共同的回憶，從早期的農業社會到工業化社會，我們都期待開飯的時候，台灣人溫馨的問候：「吃飯否？」是我們的生活回憶，但每家每戶都有的電子炊飯器如何成為我們共同的記憶呢？

煮飯在台灣的家中是大事，以往生活困苦，但煮飯的方式卻很講究，炊煮器也成為文化中重要的部分。大致可以分成用柴火加熱的「直接式加熱」和隔水蒸飯的「間接式加熱」，對於炊飯器改變最大的在於生活方式的改變，民國六十年逐漸工業化的時候，城市湧進大量的居民住在公寓中，傳統的柴火式加熱已經無法符合新的生活形態。

最早的電鍋是在一九五五年由日本東芝公司所製造的「自動式電器釜」，當時日本經濟好轉，而且有大量的人從農村進入城市中，狹窄的家庭或公寓式的房子無法使用傳統的灶，需要可以加熱食物的工具。

電鍋在一九六三年引進台灣的時候，當時電鍋仍然屬於貴重的產品，日本後來陸續發明了電子鍋和微電腦的加熱器具，電鍋在日本一九七五年之後停產。然而，在台灣由於經濟發展較為晚進，此時才慢慢開始發展起來。台灣第一台電鍋並不是由大同公司所發明的，而是「皇冠牌自動炊飯器」，在一九五八年進入台灣市場。

台灣早期煮飯是用「灶」來煮飯，然而內鍋和外鍋的水量，還有火的大小都需要經驗，電鍋產生了以後，將以前人為控制的條件降到最低，由最簡單的內鍋、外鍋、鍋蓋和外殼組成。

大同公司本來也不是製造電鍋，一開始以營造起家，後來才開始生產家電產業。戰後大同公司投入家電製造，後來與東芝技術合作，在設備、生產和技術奠定了後來家電產業龍頭的地位。

後來的炊飯器又有瓦斯炊飯器、電子鍋、微電腦電子鍋和ＩＨ電子鍋，本來的炊飯器只注重功能，逐漸在設計上要求美感，並且與室內裝潢的需求相搭配。當日本停產電鍋之後，開始生產技術較為複雜的電子鍋，當時到日本旅行的人，每個人都會帶一台「虎牌」或是「象印」的電子鍋，很多人也會拿來當作嫁妝使用，但「虎牌」在民俗中有不好的印象，大部分的家庭還是買「象印」。

雖然有了新的炊飯器，但台灣的每個家庭幾乎都有大同電鍋，而且以前要出國留學的時候，一定會去買台大同電鍋帶出國，方便、簡單又快速的加熱工具，是廚房的必備用品。然而，每個人記憶中都有的大同電鍋，卻不是由台灣自己發明的。

一九八〇年代以後台灣的經濟好轉，人們的薪水提高，加上技術發展的成熟，電子鍋也開始有國產，並且產品價格成為大部分的消費者可以接受的民生必需品。電子鍋的功能較為多元，可以煮飯，也可燉煮，更加節省廚房空間，但大同電鍋仍然是每個家庭的必備品，存在我們的記憶當中。

大同電鍋。

台灣有個阿里山：阿里山與小火車

有一年我到了日本靜岡，想要搭乘蒸汽火車，到了「大井川鐵道」，當地每天仍然行駛著蒸汽火車。我喜歡蒸汽火車外露的大輪子，彷彿工業革命走出來的活歷史。

大井川鐵道與台灣的阿里山鐵道都屬高山鐵道，兩者是「姊妹鐵道」，同時也和瑞士「阿爾卑斯山鐵道」齊名。從平地到高山，兩者有著不同的產業文化和歷史記憶。中央山脈橫亙在台灣的中間，由於地勢相當高聳，使得地理上同時橫跨熱帶和溫帶，甚至還有寒帶。

由於台灣的森林資源相當豐富，日本殖民政府積極地開發森林資源，透過鐵道的建設汲取林業資源。台灣在日治時代有三大林場，分別是阿里山、太平山和八仙山。日本人對於林業資源的運用除了砍伐，同時帶進了造林和保育，甚至還有「樹靈塔」，象徵著對於大自然的崇敬。

阿里山的開發是因為明治三十二年（一八九九），由一名日本的技工小池發現，本來交給民間企業經營，但發現成本太高，後來由台灣總督自行經營。一九一二年完成嘉義到二萬平間的鐵道本線，隔年又完成了沼之平。

鐵道的完成同時也改變了嘉義，從阿里山運下來的木材集中在嘉義製材所，當時從日本國內和台北來的商人都了解到背後的巨大商機。有不少經營木材業致富的商人，透過回饋地方，還有擴大地方的祭典活動，讓地方的人和神祇都一起感受到木材給地方帶來的經濟發展。

阿里山鐵道除了帶給嘉義經濟上的繁榮，也成為全台學生畢業旅行的好去處。當時有不少中學生到木都嘉義旅行，除了在嘉義參觀中央噴水池，還有參觀當時現代化的木材工廠。

在嘉義一天的行程之後，隔天搭乘阿里山鐵道，在青翠的樹林間，鐵道緩步爬升，而且隨著海拔越來越高，溫度也開始降溫，到了一千七百公尺的時候，即使是盛夏，也有了寒意。

火車為了攀高，必須採用「之字形」的運轉方式，接著讓學生們下車，看到了超過三千年的巨型神木，神聖而靜穆的矗立在學生的眼前。當時除了學生，也有很多觀光客，還有從日本內地來的旅人，先到嘉義觀光了以後，再搭乘阿里山鐵道欣賞壯麗的阿里山，曾經有個日本人寫下：「隨著阿里山製材事業，以及嘉南大圳大事業的發展，嘉義市繁榮的程度幾乎與台中市齊觀，可謂伯仲之間的城市。」

阿里山鐵道在戰後國民政府來了之後，除了繼續乘載著木頭的運輸，本來由蒸汽為動力的火車改成柴油火車，也有觀光的功能。我還記得以前的小學教科書中有寫到阿里山看神木、雲海和日出的文章，成為每個人的記憶。

由於鄧麗君〈高山青〉當中的歌詞：

高山青
澗水藍
阿里山的姑娘美如水呀
阿里山的少年壯如山
啊　啊
阿里山的姑娘美如水呀
阿里山的少年壯如山
高山長青
澗水長藍
姑娘和那少年是永不分呀
碧水長圍著青山轉　嘿
那奴灣多依呀那呀候依呀嘿

鄧麗君的歌後來紅遍中國大街小巷，〈高山青〉成為中國想像台灣的象徵之一，成為兩岸的共同記憶。

一個阿里山鐵道，帶起了林業、城市和文化的多重回憶。

關鍵詞

樹靈塔

樹靈塔位於阿里山國家森林遊樂區，是一座約二十公尺高的石塔，為日本政府於一九三五年建立，旨在慰靈因伐木工程罹難的工人（包括台灣與日本技師），同時撫慰被砍伐的十萬棵樹木的靈魂。在此之前的一九三四年，日本政府制定了「全日本愛林日」，並於同年在阿里山舉辦「二十五週年紀念」，因應紀念日大規模舉辦了「樹靈祭」，爾後便建立了樹靈塔，圓形的塔基代表著年輪；塔身兩側的凹槽象徵著切割、砍伐的鋸痕，也見證了阿里山過往的林業文化。

嘉義製材所

一八九九年，日人發現阿里山上蘊藏有豐富的林木，初於一九〇六年由民間之大阪合名會社藤田組經營，後因其資金短絀，於一九一〇年收歸國有，成為官營之伐木事業，並建立嘉義製材所，於一九一四年完工啟用，是日治時期日本政府占地範圍最廣大的官營木材產業園區，具有當時歐美最先進的設施及技術，負責貯存阿里山上砍伐下山的木頭，承擔加工木頭成為「木材」的重要任務，當年規模產量號稱東洋第一。

❶、❷ 日治時期阿里山鐵道。（圖片來源：維基共享資源）
❸ 現在的阿里山鐵道用悠長的林業歷史開啟新的觀光量能。（圖片來源：左勝權）

摩托車的記憶：摩托車瀑布

《國家地理頻道》在二〇一八年舉行「旅行攝影師大賽」，香港攝影師M CHAK在台北橋拍下了每天通勤機車族的照片，後來將作品取名為「摩托車瀑布」，成為當年十大編輯精選作品。由於騎機車的成本較低，摩托車在台灣普遍成為大家選擇的交通工具，從台北橋下來的通勤族，遠遠看上去就有如壯觀的瀑布。

機車可以用來當便宜的代步工具，也有跟汽車一樣昂貴的重型機車，前幾年網路上非常熱門的《山道猴子》，引起大家的討論，年輕人即使付不出錢來，也會用循環信貸買一台酷炫的重機，用來表達自己的帥氣與風光。機車是我們全體的記憶，每天都在我們道路上穿梭的機車，穿越了好幾個世代。

台灣平均每一．六人就有一台機車，本來靠進口的機車，發展六十多年以後，現在的機車自製率高達九成以上。

如果我們回顧台灣的機車歷史，日本時代雖然在台灣有發展工業，但以化學和軍工業為主，在一九四〇年代左右台灣已經有貿易商進口機車，但價錢十分昂貴，只有醫師、建築師或是其他高收入的人才買得起。以一九三〇年代來說，一般雇員的薪水是十五日圓，國小教師是二十、三十日圓，一台摩托車要價九百五十日圓，可見其昂貴的程度，也將摩托車作為一種炫耀品。

改變機車消費最大的關鍵在於國產，三陽工業在一九六二年跟日本本田公司合作生產機車，成為國內第一家機車製造商。從第一年的十七輛到第四年就生產到了六萬五千輛。由於機車的使用量擴張太快，當時的道路狀況、交通法令和機車的駕駛都還未有相關的知識，所以後來政府增加賦稅以限制機車的成長。

同時政府也開始投入扶植本土廠商研發的工作，本來琳瑯滿目的外國機車在台灣販售，從義大利的偉士牌、日本的富士、本田、英國的三槍牌，到了六〇年代之後，政府甚至規定機車當中的零件製造率，從一開始只有百分之三十，現在可以高達百分之九十五，到了六〇年代後期，可以說進入本土化的時代。

在政府自製率的限制下，目前仍在市場上的，都是經過測試而存活下來的，像是：三陽SYM、光陽KYMCO、台灣山葉YAMAHA、台灣鈴木SUZUKI以及近幾年竄出來的電動機車GOGORO等等。

隨著社會越來越富裕，機車不只是單純的交通工具，對於年輕人來說，到了十八歲可以考駕照，機車象徵的年輕、自由和解放。在電影《艋舺》當中，喚起一些人的記憶，其中有那輛名流100，堪稱台灣史上第一款賣得最好的車，賣到需要等。

到了快要民國八十年的時候，台灣社會逐漸開放，青少年也意識到國際流行的氛圍，當時流行歐美的Disco，而且飆車也越來越流行，光陽NSR150可以跑到將近兩百公里的速度，創下國產車最貴的紀錄，一台要七萬八千元。

政府為了保護國內的機車產業，在一九八三年完全禁止一百五十C.C.以上的機車進口，一直到二〇〇二年加入世界貿易組織（WTO）才重新開放大型重型機車的進口，後來開放重型機車可以上快速道路，讓重型機車也可以享受馳騁的樂趣。

關鍵詞

山道猴子

「山道猴子」指的是愛在山路飆車的騎士，詞條源於台灣YouTube創作者Eric Duan於二〇二三年發表的影片《山道猴子的一生》，影片講述一名在超商打工的年輕人，在追求膨脹不實的虛榮心及愛情中迷失自我，最終在山道飆車的過程中不幸身亡，內容雖以「車圈」、「山路文化」特定群體作為敘事主題，但發表後引起各界熱烈迴響，許多人以當代社會現象以及現代人的心理狀態進行剖析，成為廣為人知的網路迷因。

名流100

名流100是民國七十年代之際，國內一款自動排檔的速克達，其特性為加速快、斜板造型的車身線條相當前衛，在飆車風氣盛行的年代，輕鬆擄獲了年輕人的心；加上當時青少年的聯考錄取率極低、升學壓力繁重，為紓解壓力，不少青少年會呼朋引伴，在夜間騎著名流100飆車，而這樣的歷史記憶也造成了時至今日，許多對名流100有印象的民眾，將騎名流速克達的騎士連結成飆車族的刻板印象。

早期小本田機車的廣告。（圖片來源：《聯合報》，1967年2月28日，第1版廣告）

鐵路的記憶：從縱貫鐵路到高鐵

我很喜歡搭火車旅行，從國中開始就自己買張車票，設計行程，在一個陌生的車站下來走走。當時還沒有手機，只能攤開地圖，然後看看自己身在何處，有一種流浪的感覺。

對於很多人來說，自二〇〇七年正式開通以來，高鐵已成為台灣路上最快速的交通工具，站點涵蓋了台灣西半部主要城市，包含台北、桃園、新竹、台中、台南、高雄等十一座大城，最高時速超過三百公里。

從台北至高雄直達車只需要九十五分鐘，讓台灣從南到北正式實現了所謂的「一日生活圈」。高鐵通車的時候我已經快要三十歲了，年紀比我更大的人，對於台灣的鐵路記憶還在以往台鐵從南到北、從東到西，串起全台各大小城市，不管是通勤或是旅遊，台鐵的環島鐵路網陪伴著很多人長大。

台灣有完整的環島鐵路，無論從東岸到西岸、從大都市到小鄉鎮，提供便捷的運輸。台灣的鐵道系統，是在清帝國治理時期開始興建的。首任台灣巡撫劉銘傳曾在一八八七年設立「全台鐵路商務總局」，負責籌建台灣的鐵路。但後來因為經費不足，最後只有興建台北到新竹的路段。

日本帝國統治台灣之後，他們發現南北狹長的台灣，非常需要一條縱貫鐵路，讓北、中、南的資源可以整合，他們找了後來被譽為「台灣鐵道之父」的知名鐵道工程師長川謹介來台規畫，並負責鐵路的建設事務。

從基隆到高雄全長四百零五公里的縱貫線一九〇八年全線通車，在台中公園舉辦通車典禮，這條鐵路縱貫線的通車讓台灣全島可以在一天之內完成南北移動，也讓貨物運送變得更加便利，算是最早的「一日生活圈」。但是，隨著縱貫線鐵路的通車，日本人卻發現山線鐵路的坡度太大，所以另外開設了從竹南到彰化的海線，以及其他支線。往南的屏東線一直通到屏東的枋寮；往東延到宜蘭的蘇澳。

國民黨政府來台之後，繼續延續日本人的鐵路網，日本治理時代只建設了從花蓮到台東的花東線鐵道。其他從蘇澳到花蓮北迴線，以及從台東到枋寮的南迴線，都是在戰後才陸續由中華民國政府興建完成。台灣全島的環島鐵路網，也直至一九九一年才宣告完成。

日本人建設鐵路，針對各種資源的開發，設立了不同的支線，後來也發展出客運的功能。經過了數十年，這些支線鐵路到現在仍是旅人頻繁造訪的觀光景點，像是每年元宵節前後就會吸引大批遊客的平溪線，原先是漢人移民在平溪地區開墾時，用來在山區通報的路線。由於平溪地區蘊藏大量的煤礦資源，日本人為了開採運送礦產，因而鋪設了平溪線鐵道。

除此之外，南投還有非常知名的支線——「集集線」。這條支線從彰化二水延伸出來，一直通往南投的集集，原本是為了興建日月潭水力發電廠工程載運建材使用而興建的。由於集集線穿越了由大片樟樹林組成的「綠色隧道」，沿途景色十分優美，觀光資源豐富，加上是唯一一條在南投縣運行的鐵路，所以一直有開放客運使用。雖然後來隨著公路運輸業的興起，集集線較為沒落，但直至現在仍是重要的觀光景點，每逢假日總是吸引了大批的遊客。

大約民國七十年之後，台灣社會經濟起飛，西部鐵路及公路運輸容量日趨飽和，為了改善台灣西部交通運輸品質，決定興建高速鐵路。一九九九年起，台灣展開了高速鐵路的建設計畫，並在二〇〇七年展開運行。平均時速最高可達三百公里的高鐵，讓南來北往的運輸時間大幅縮短，我們有了「一日生活圈」的生活方式，也成為我們記憶的一部分。

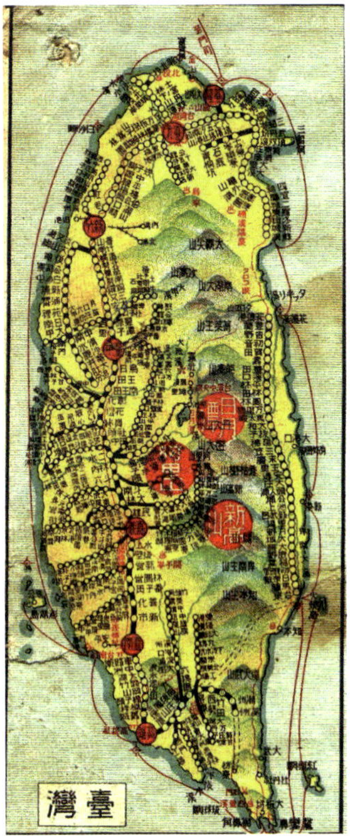

日治時期台灣鐵道地圖。
（圖片來源：維基共享資源）

關鍵詞

北迴鐵路與南迴鐵路

台灣鐵路的興築始於清光緒年間，以劉銘傳打造基隆至新竹段為開端；日治時期，陸續完成西部縱貫鐵路、宜蘭線、屏東線以及部分東部路線，台灣總督府企圖打造環島鐵路網，但始終未能付諸實現。直至一九四五年，台灣省行政長官公署接收台灣，組織「環島鐵路勘測隊」走訪各地，準備建設枋寮經恆春至台東的南迴鐵路，以及花蓮港至蘇澳段的北迴鐵路。修築過程除了面臨天災、財政困難等阻礙，天然的地形屏障也讓修築作業面臨諸多挑戰；一九六六年，台灣省政府提出「台灣鐵路南北迴線經濟價值之比較與研判」，認定優先修葺經濟價值相對較高的北迴鐵路，並於一九七六年將其列入「十大建設」中，終於一九八〇年，北迴鐵路正式通車，爾後南迴鐵路也於一九九二年正式通車營運。

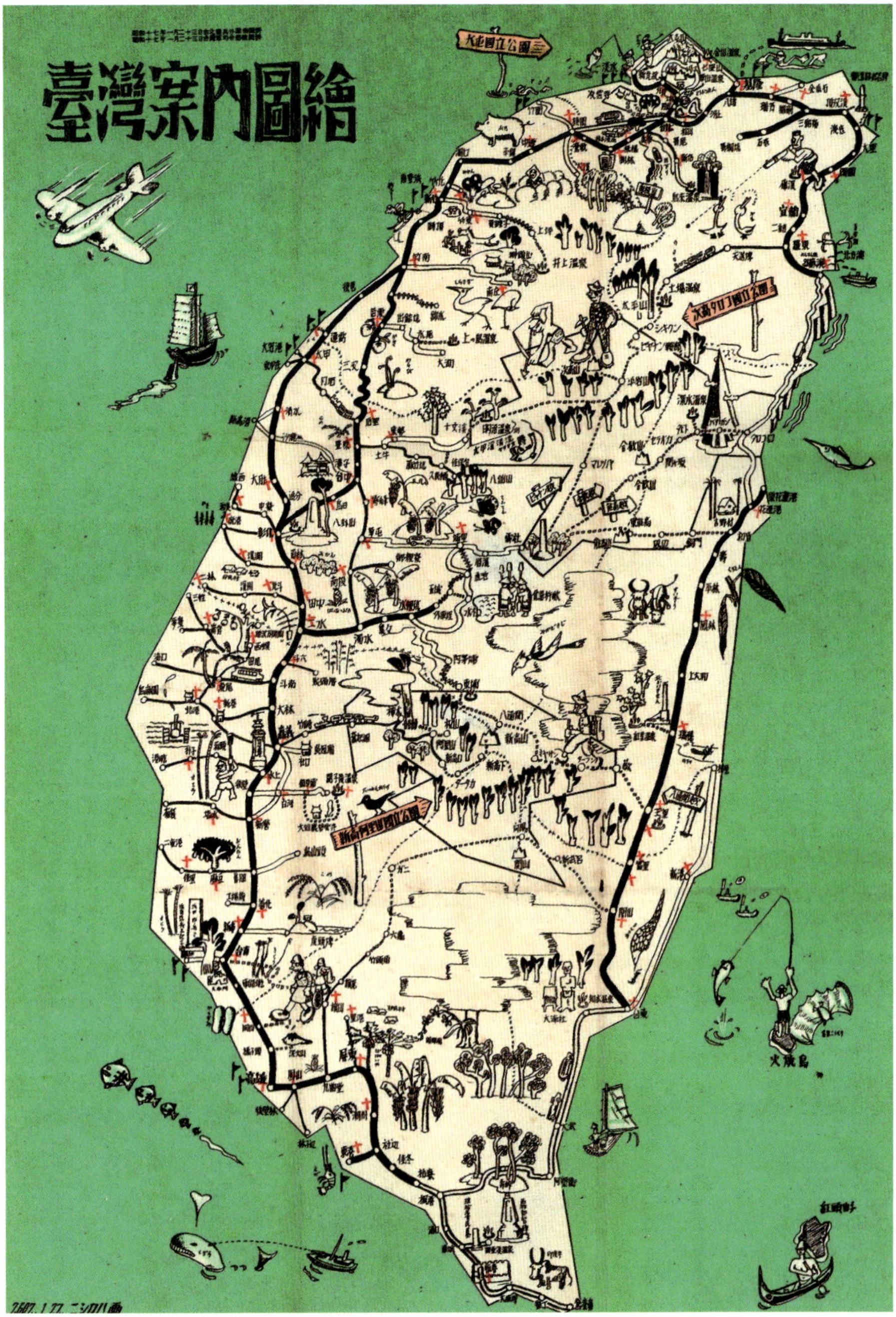

1942年台灣旅遊地圖。（圖片來源：維基共享資源）

❶ 高速鐵路大幅縮短南北運輸時間。
❷ 集集線的綠色隧道風景優美。

制服的歷史記憶

教育部這幾年才開放國中和國小的服儀規定，除了典禮、運動課和正式場合外，學生可以自由穿搭。這是自高中在二〇一六年放寬服儀規定以後，對於年紀更小的學生放寬服儀規定。

「自主管理、兼顧禮儀、重視安全」，在沒有安全和禮貌上的顧慮下，服裝應該是學生表現自我或是選擇自由的一部分，自由民主國家不應該干涉穿著上的自由。其實，不只頭髮，以前的學校管很大，連頭髮怎麼留都要管。一直到二〇〇五年，當時擔任教育部長的杜正勝先生才明確指示開放頭髮的限制。

為什麼學校一直要干涉學生怎麼穿？學生應該表現出什麼樣子才符合學生的樣子呢？台灣自從有教育系統以來，學校就干涉著我們的穿著。

警察、消防隊員和軍人都有制服，穿著統一的服裝代表整齊劃一，一個口令、一個動作，在群體中抹去個人的風格，但是學生為什麼需要制服呢？主要是我們的教育相信「管教」，要管也要教，學生的舉止表現都要符合一定的舉措，不能夠失格。

台灣的學生制服主要來自於日治時代的學校教育。日本在明治維新之後，學習西方的制度，海軍、陸軍和警察都有了西式的制服。學生採用制服的原因在於將軍隊的體操導入學校，制服一開始的樣式就是類似軍服的剪裁。至於女生的制服，本來採用和服，但發現不適合現代西式教育，於是改成洋裝。

日本在台灣實行教育制度，一開始沒有完整的制度，所以制服的樣式沒有統一，很多台灣人仍著傳統的衣服。對於台灣學生制服影響最大的就是一九一九年《台灣教育令》的頒布，模仿日本國內的教育制度，在台灣施行各級的教育。當時從大學到小學都有制服，中等學校以上的學生從帽子、上衣、褲子和配件都有規定。帽子為紺色或黑色的角帽，衣服是立領黑色的學生服。

台北第一高等女學校，也就是後來的北一女中，本來只准許日本女生入學。一開始招生的時候沒有制服，後來要求上半身穿著傳統的和服，下半身穿著海老茶袴，後來部分學校採用的是改良式的和服作為制服。

然而，在實際的推行過程中，發現改良式的和服還是無法符合現代體育課的需求。台南第一高等女學校開始採用洋式的制服。我們現在較為熟悉的水手服，是在一九二二年由台中高等女學校首先採用，後來由不同的學校陸續採用，並且成為公學校女學生的制服，初等學校的男生也漸漸發展成後來洋式的制服。

隨著日本發動大東亞戰爭，在台灣推行皇民化運動，在學生的制服上也有管制。制服的顏色要轉變成「國防色」，就是卡其色。從高等學校到小學校都要符合戰爭的需求，同時也要求節約和減少浪費。

穿制服雖然是一種規範，但從日治時期的制服發展來看，雖然當時男生的衣服大同小異，可是帽子或是胸章上會略有不同，由此可以表現出不同的學校。對於台灣人來說，考到好學校，並且穿戴上制服，同時象徵著一種榮譽。

考上台北高等學校，也就是現在的台灣大學，從以前到現在都是第一學府。台北高校的帽子是二白線制帽，戴著走在路上相當神氣，大家都會知道這是「高材生」。這樣的心情和我們現在所謂的「小綠綠」象徵著北一女中的高材生是相同的感覺。

戰後國民黨政府延續著日本時代的制服政策，而且從大學到中學都有實行軍訓課。戒嚴時代，中等學校的男生大多是穿白衣配上卡其褲，女生則是白衣黑裙。在髮型上也有嚴格的規定，男生要理像光頭的三分頭，女生的髮型則要旁分，而且長度要到耳垂上面兩公分。

現在看起來這樣的髮型和衣著都很「拙」，沒有個性，不自由。因此，在解嚴之後，強調開放式的教學，並且希望學生有更多的自由可以選擇頭髮和衣服的樣式，讓學生能夠更加展現自我。

關鍵詞

台灣教育令

《台灣教育令》通常指的是台灣日治時期台灣總督府為了台灣特殊環境所頒布的有關教育的法律命令。該命令主要發布過兩次，分別為一九一九年發布的第一次《台灣教育令》，確立了台人的學校制度，發展中等職業教育，並維持台日差別教育的政策；一九二二年發布的第二次《台灣教育令》，中等教育以上實施日台共學，但實質上台灣人並未完全取得平等共學的機會。

卡其

卡其的英文名稱是英屬印度時期創造的，而印度斯坦語中的「khak」這個字來自波斯語和盧爾語，意謂「灰塵」，而「khaki」的意思則是「充滿灰塵的」。十九世紀英國殖民時期的印度，當時英軍Harry Lumsden為了在炎熱和多塵的環境中更好地隱蔽，於是用泥土將軍服直接染成土色，這樣不但不怕弄髒，也不容易暴露。而早期學生制服皆為卡其布料所製成，一般以軍裝的樣式為基底製作，因此也稱作卡其服。

❶ 台北第一女子高級中學制服。（圖片來源：蔡頴）

❷、❸ 建國中學的卡其制服。（圖片來源：莊詠程）

藝術記憶的重生：《甘露水》

我在二〇二一年底到國立台北教育大學的美術館欣賞《光——台灣文化的啟蒙與自覺》大展，剛進門就被黃土水的《甘露水》所吸引，蚌殼中昂然向上的少女，優雅的姿態，有如面向光從黑暗走出。

黃土水於一九二一年十月以《甘露水》入選日本帝國美術展覽會，當月象徵台灣人文化自覺的台灣文化協會也成立，蔣渭水發表〈臨床講義：名為台灣的病人〉，認為台灣人罹患了「知識的營養不良症」，解救的處方就是文化，台灣文化協會推動文化運動。

一次大戰結束之後，世界的民族自決思潮洶湧澎湃，不同殖民地下的人都對於自由民主有著想望，當時在東京的台灣青年，由林獻堂率領台灣議會設置請願運動，《台灣青年》則由蔡惠如在東京催生，不同的團體推動台灣民間的思想解放、文化啟蒙和開導民智的工作。

黃土水就是日治時期出生的第一代，一九八五年日本統治台灣那一年，他出生在艋舺祖師廟後街的一個貧寒的家庭，十一歲時父親就已經離世。本來生活環境就不好，生活更加困頓。

黃土水就讀師範學校，一九一五年在太平公學校擔任訓導，由於從小在大稻埕傳統宗教工藝的薰陶，加上天分，使他在藝術表現上獲得總督府民政長官內田嘉吉跟國語學校校長隈本繁吉的推薦，獲得東洋協會台灣支部頒贈獎助金，透過作品《李鐵拐》通過審查，免試進入東京美術學校雕塑科木雕部，跟隨高村光雲學習木雕。

黃土水在學習期間，一九二〇年就以作品《山童吹笛》入選第二回的帝展，是第一位作品入選帝展的台灣人，隔年由於成績優異，進入同校的研究科，又以《甘露水》入選第三回帝展。黃土水在一九二二年回到台灣，以《擺姿態的女人》入選第四回帝展，後來接受皇太后和宮內省的委託，將作品獻給皇室。

一九二三年黃土水與廖秋桂結婚，兩人在東京的池袋成立工作室，並且持續創作，隔年的《郊外》入選第五回的帝展。然而，黃土水的家人逐一病逝，讓他傷心欲絕。當時他的生活仍然十分拮据，拚命創作，也幫很多仕紳製作雕像，作為生活所需之用。由於沒日沒夜的工作，一九三〇年準備參加帝展之前，趕製大型浮雕《水牛群像》時過度操勞，後併發腹膜炎於東京逝世時才三十五歲。

《甘露水》以大理石雕刻，作品尺寸175x80x40cm，頭微微上揚的女子，是台灣首座的裸體雕像，讓人想起義大利雕塑家波提且利的《維納斯的誕生》，但整體的風格卻是消化過西方藝術之後的東方樣貌，以觀世音菩薩淨瓶裡的「甘露水」為名，少女亦人亦神，入選帝展之後，讓當時有志於創作的台灣藝術家感到鼓舞。

黃土水在《東洋》雜誌發表〈出生於台灣〉一文，闡述他的創作理念：「生在這個國家、便愛這個國家，生於此土地、便愛此土地，此乃人之常情。雖然說藝術無國境之別，在任何地方都可以創作，但終究還是懷念自己出生的土地。我們台灣是美麗之島，更令人懷念。」

一九三一年《甘露水》由黃土水的遺孀廖秋桂帶回台灣，捐贈給台灣教育會館（二二八國家紀念館）為落成禮物。然而，國民政府遷台之後，無視於日治時期台灣藝術作品的發展，後來一九五八年台灣省臨時省議會播遷台中，《甘露水》搬移的過程，被當成垃圾棄置在台中火車站。

幸好台中的「張外科診所」的外科醫師張鴻標將雕塑搬到家裡，只是白色恐怖時代，象徵台灣意識的藝術作品不被重視，張家也不敢大肆宣揚，直到二〇二一年適逢台灣文化協會成立百年，《光──台灣文化的啟蒙與自覺》策展人林曼麗希望這件代表台灣文化啟蒙的象徵，要讓她重見天日，透過策展團隊的努力，還有日籍修復師森純一的巧手，終於讓《甘露水》重見天日，讓以往缺失的台灣藝術拼圖重新修復。

關鍵詞

高村光雲

高村光雲是日本雕塑傳統到現代轉型期代表人物，也是台灣第一位留學日本的雕塑家黃土水的木雕老師。高村光雲的祖先原是鳥取藩士中島重左衛門，後他成為佛師高村東雲的徒弟，之後又成為東雲之姊的養子，改姓高村。明治維新以後，受廢佛毀釋的影響，高村光雲失去佛師的工作，專心在木雕，積極學習西洋美術，結合傳統的木雕技術和近代的寫實主義，開創近代日本雕刻的新頁。

《甘露水》。（圖片來源：國立台灣美術館）

大稻埕繁華的記憶：《南街殷賑》

一九二七年郭雪湖參加第一回「台展」，當時才十九歲就入選，讓他在畫壇得到相當大的重視。一九三〇年郭雪湖畫了《南街殷賑》，本來畫自然風景的他，開始著墨在故鄉節慶中熱熱鬧鬧的景象。「南街」就是今天台北的迪化街，「殷賑」是商業昌隆的意思，將大稻埕都市熱鬧的樣子描繪出來。畫家郭雪湖出生在大稻埕，也在當地學習民俗畫像。

畫面中的大稻埕正在進行民俗普渡的祭典，右下角的城隍廟有著中元節的旗旗，香火鼎盛，不同商店的招牌高掛在市街上，街道上滿滿的人潮，街道兩側的店家掛著「中元大賣出」、「中元贈答品」。

百年前的台灣和現代一樣，迪化街在中元節的時候，商家會促銷「澎派包」，趁著中元節的檔期賺一筆。很多人在想《南街殷賑》是從哪個地方所見到的大稻埕，但眾說紛紜，沒有定論。有些人主張大稻埕出身的郭雪湖，利用不同的透視點去畫大稻埕，將他感受到的大稻埕運用不同景深描繪出來。

台北本來最繁華的地方是艋舺，在新店溪與大漢溪的交叉口的東岸。艋舺主要由來自泉州的南安、惠安、晉江移民，但移民之間彼此因為商業利益而起衝突，同安人後來不敵其他的移民，帶著「霞海城隍爺」的神像逃到大稻埕。

由於十九世紀末清帝國開放了口岸給西方國家做生意，西方人對於「茶葉」最有興趣，外國人在大稻埕加工、包裝和運銷，想要打造「福爾摩沙烏龍茶」的品牌。

劉銘傳擔任台灣巡撫的時候，規畫此地為西洋人的居留地，並且與當地仕紳合作，讓大稻埕有了鐵路和電信總局，開啟了現代化的道路。本來開發較晚的大稻埕，到了十九世紀末期成了台北最繁華的商業聚落。

除了茶葉相關的生意，還有布料、中醫和南北乾貨等各種商行都在此聚集，後來成為台北「年貨大街」的記憶。由於台灣容易下雨，所以大稻埕的店家都有騎樓，並且相連，長長的街屋裡面有店鋪、倉庫和生活空間。

當日本人來到台灣之後，將大稻埕改名為「永樂町」，日本人有著現代化的建築規則，讓大稻埕的行走空間更為廣闊，讓三峽的老街和大溪老街都有著類似的現代化過程。

日治時代引進了很多的新式聚會空間，像是咖啡廳、酒家、餐廳，有些帶有洋風的餐廳，像是咖啡廳「波麗路」、「山水亭」，都是台灣人經營的餐館，台灣很多的作家和仕紳到此來感受西方來的文藝氣息，呂赫若經常在山水亭討論劇本，《南街殷賑》所繪製的大稻埕就是一九二〇年代的風華。

日治時代很多重要的政治和文化運動都發生在大稻埕，林獻堂、蔣渭水、蔡培火在大稻埕創立「台灣文化協會」，透過知識的分享、發行刊物來開啟明智。由於有商業、藝文和政治活動，大稻埕的文化相當蓬勃，從建築來看，也同時融合了閩南、洋樓、巴洛克和日本人帶進來的現代主義建築風格，可以從大稻埕看到台灣一百多年來走入現代的歷史和文化。

關鍵詞

台展

台灣美術展覽會，於一九二七年開辦，簡稱「台展」，或稱作「灣展」，為台灣第一個大型美術展覽會，分為東洋畫、西洋畫二部，參展者並沒有台、日籍或性別的限制，台展的地位一如日本本土的「帝展」，象徵著台灣美術的最高榮譽。自一九二七—一九三六年間，共舉行了十回的台展，直到一九三七年中日戰爭爆發，台展也因此暫停。一九三八年，美術展改由台灣總督府教育局主辦，即「台灣總督府美術展覽會」，簡稱「府展」，其後因台灣進入備戰狀態而停辦。

波麗路

波麗路餐廳為台灣現今僅存最具歷史的西餐廳，店名源自法國作曲家莫里斯．拉威爾最後的一部舞曲作品《波麗露》（法語：Boléro），創作於一九二八年。餐廳創辦人廖水來先生曾至日本學習了西餐文化，並將其引進台灣，一九三四年，廖水來受友人鼓勵創立波麗路餐廳，是許多老一輩人的相親場所，亦是當時最時髦的地方。

❶ 郭雪湖，1930，《南街殷賑》。
（圖片來源：郭雪湖基金會授權、臺北市立美術館典藏）
❷ 1923年的台北市永樂町。
（圖片來源：國家圖書館臺灣記憶系統）

連結百年前的祖靈記憶：四面木雕祖靈柱

我曾經在台灣大學人類學研究所攻讀碩士班，在人類系的博物館中看到排灣族的「四面木雕祖靈柱」，從屏東的佳平舊社而來，四面都刻有女性祖先像。人像的雙手平舉於胸前，兩手掌手指併攏，值得注意的是六隻手指，成兩足站立像。

在木雕的手指、手腕、手臂和小腿部位有多圈平行線雕紋飾，應該是排灣族貴族的紋身裝飾；腰部用淺浮雕法展現圈形紋飾腰帶；腿關節處雕有形式化的圈形關節紋。由於時間久遠，木雕已經遭受侵蝕，可以看到風化毀損的痕跡。

四面祖先柱是一九三二年由台北帝國大學土俗人種學講座採集自佳平舊社Zingrur頭目家，佳平部落的Zingrur家族是有權勢的家族，他們的家屋在一九三五年被日本政府指定為台灣史蹟名勝天然紀念物——史蹟（國家級）。二〇一五年五月，文化部公告登錄了典藏於國立台灣大學人類學博物館的四面木雕祖靈柱為國寶。

本來祖靈柱藏於頭目的舊屋內，日治時代有私人家水野經吉蒐藏後轉贈台北帝國大學，但收藏家本人的記錄完全找不到。後來移川子之藏、千千岩助太郎和任先民等學者曾陸續到佳平社進行調查，才知道木雕的文化意涵。四面木雕本來存放的位置是在佳平舊社大頭目金果祿（Jingurul）家屋的祖靈柱。

頭目家屋本來有五支雕刻精緻的祖先像，有三男二女，分別代表頭目家族第一代至第三代的祖先創社起源傳說；男性祖靈柱通常是單面雕像，女性祖靈柱則是四面雕像。藏於台灣大學博物館的四面木雕柱是第二代祖先Salian（系譜名Sadau）之妻Modian的祖靈柱。以往排灣族進行五年祭期間，祭司會在頭目家中召請祖靈，並祭祀祖靈柱。

文化部將文物登錄為國寶之後，所有保存、移動都會受到法規的限制，典藏單位台灣大學人類學博物館的胡家瑜館長認為必須徵詢部落族人的意願，連結文物與部落族人的記憶。由於時代久遠，部落族人對於一九三二年帶到人類學博物館（時為台北帝國大學土俗人種學講座蒐藏室）的祖靈柱已經感到陌生。

由於日本時代殖民政府禁止傳統的儀式，祖靈的信仰式微，後來在一九四〇和五〇年代部落遷村，從祖居地Kaviyangan（「佳平」之稱的由來）遷到山腳下現址。在長達一百年的過程中，原來的儀式隨著時代越來越難以恢復，相關的記憶也產生了隔閡。

台大博物館在調查的過程，部落中的人都沒有相關的記憶，幸好有位耆老還有相關記憶，將六根手指和口傳的歷史結合，指認四面祖靈柱應該是創社女祖先Muakai，找回逐漸忘卻的部落舊事。

然而，對於佳平人而言心情相當複雜，祖靈柱被列為國寶以後會受到文物法令的限制，也無法返回部落，族人有種不捨卻又感到開心的複雜情緒。後來族人突發奇想，想要和台大辦場迎娶祖靈柱的婚禮，後來不僅博物館方，台大校方也同意，由校長楊泮池代表校方與祖靈柱結婚。

結婚典禮在人類學博物館前舉行，上百人將象徵新娘純潔的鞦韆架圍住，部落青年和婦女將Zingrur家的大公主坐在轎子上，緩緩抬入會場。部落的代表覺得祖靈柱安座在台大相當無奈，但透過婚禮，希望台大也能好好照顧Muakai，並且讓更多人知道佳平部落與相關的文物。

四面木雕祖靈柱讓我們理解一個「國寶」不只是單純客觀的物品，她與現在的原住民族群有關，祖靈柱是信仰和生活的一部分，物品要與生活和記憶連結，才會產生新的意義。

關鍵詞

「國寶」的相關法律

依據《文化資產保存法》的定義，國寶是指經過文化部審議通過，正式核定公告的古物。《文化資產保存法》釋義：「國寶之指定，應符合下列基準之一：一、能表現傳統、族群或地方之風俗、記憶及傳說、信仰、技藝或生活文化特色之典型。二、歷代著名人物、國家重大事件之代表性。三、能反映政治、經濟、社會、人文、藝術、科學等歷史變遷或時代特色之代表性。四、具有獨特藝術造詣或科學成就。五、獨一無二或不可替代性。六、對知識、技術或流派發展具特殊影響或意義。」

台北帝國大學土俗人種學研究室

台北帝國大學土俗人種學研究室為國立台灣大學人類學系前身，日治初期，粟野傳之丞於台北芝山岩撿獲史前石器，一九二八年，台北帝國大學文政學部成立「土俗人種學研究室」，負責各項教學、研究與學術出版工作，同時開始正式的考古發掘工作，其中最廣為人知的便是「墾丁史前遺址」的發掘，被公認是台灣考古學史上首次大規模、由學術單位進行的正式考古發掘，遺址在一九三五年由台灣總督府列為「國指定之史蹟及天然紀念物」加以保護。隨著二次世界大戰結束，原台北帝國大學改為國立台灣大學，一九八二年，「土俗人種學研究室」正式改稱為「人類學系」。

輯二

生活文化中的台灣記憶

小吃的記憶

小吃是很多台灣人和外國人想到台灣的第一印象，為什麼台灣有如此豐富且多樣化的「小吃」呢？了解台灣的飲食文化一定要從我們的歷史下手，才會知道如此豐富多彩的小吃從何而來。

早期台灣的移民從中國東南沿海而來，當時的漢人也將中國的秈稻帶來台灣，在日治時代，日本人為了在台灣種植日本人習慣的稻米，改良成為口感更好的蓬萊米。而且，透過八田與一建設嘉南大圳，讓台灣成為米鄉。

米食除了提供正餐時用，剩餘的也提供小吃，用秈米製作的食品，像是：米苔目、米粉、肉圓、蘿蔔糕和碗粿，用糯米的像是：米糕、油飯、湯圓、大腸……等，成為台灣人後來夜市小吃的點心。

除了米做的點心，由於不同的殖民政權來到台灣，也帶來新的點心，像是日本人統治台灣的時候，也帶進他們的飲食文化，改變了台灣的點心。我們常吃的車輪餅，就是改變日本來的今川燒。

日本人帶來的飲食文化，像是天婦羅、關東煮、黑輪，或是和菓子，和原來的樣子都有點不同，成為改良後的台式點心。

第二次世界大戰之後，中華民國政府帶著廣大的移民來到了台灣，也帶進了很多不同地方的食物，由於當時美國為了防堵共產主義，提供了物質基礎和「麵粉」援助東亞國家，讓後來各種麵食、包子、饅頭與燒餅油條流行起來。

台灣的小吃相當多元，來源繁複，也有華人特有的「食補」觀念，加入中藥的藥材，夜市有不少攤位販賣藥燉排骨、燒酒雞、薑母鴨、四神湯，讓小吃也有食補的效果。很多小吃則在特定地區流行，曾經是重要港口的安平和鹿港，以前的養殖業非常發達，而且此地的蚵仔相當多，所以發展出以蚵仔加上地瓜粉的「蚵仔煎」。

同樣是肉圓，每個地方會有不同的作法，在台南做的肉圓內包火燒蝦，並且以清蒸的方式來處理，在彰化則是用油炸的方式，讓表皮酥脆且香氣四溢。由於台灣氣候炎熱，所以冰品和飲料一直都是台灣街頭小吃的重點，從愛玉、豆花、仙草凍、刨冰、冬瓜茶、紅茶等飲品，到各地的手搖飲料店，經常都大排長龍。

台灣聚集最多小吃的地點就是夜市，幾乎每個城市都有。台灣的夜市主要都在廟宇前面的廣場或是空地，以往漢人移民渡海來台的時候，將家鄉的神明帶到台灣，像是開漳聖王、保生大帝或是媽祖，由移民的信仰中心發展成為販售小吃和日常用品的地方。

由於人群的聚集，後來再加以規畫，出現早市、午市、黃昏市和夜市，之中可以看到台灣人最喜歡的雞排、滷味和珍珠奶茶，也增加了多元的風味，從原住民的山豬肉、竹筒飯和小米酒，還有拉麵、泡菜鍋、泰國的椰漿飯、印度奶茶，應有盡有，從小吃可以看到台灣多元文化的縮影，也可以探索島嶼豐富的身世。

關鍵詞

秈米

秈米俗稱「在來米」，「在來」一詞為日文「既有」之義，日治時期為了與培育成功的蓬萊米做出區隔，而將台灣本土原有的秈米命名為在來米。從外觀上來看，秈米較為細長，較不具黏性且粒粒分明，消化的完整度最佳。此外，秈米還可細分為「軟秈」及「硬秈」，軟秈的支鏈澱粉含量較高，口感與粳米相似而能直接作為米飯食用；硬秈口感則較硬、鬆散黏度低，一般會拿去加工製成其他食品，例如米粉、蘿蔔糕、發糕等，都是由硬秈製成。

美援

二次世界大戰結束後，為了協助世界上自由的人民，恢復和平生產與安全之途徑，加速它們經濟上的獨立，並防止共產革命的蔓延，美國國會通過馬歇爾計畫的《一九四八年援外法案》。韓戰爆發前，美國擔心台灣局勢不穩定，力主「經援台灣」的重要性，一九五一年美國國會通過共同安全法案，開始對台灣提供各種經濟援助，尤其在工業建設上，不管是經費規模、技術支援，均以協助台灣工業達到「自給自足」為目的，直至一九六五年美國對台援助才正式終止。

市場常見的天婦羅源自於日本的飲食文化。

❶、❷、❸ 台灣小吃多元，來源繁複。

月餅與烤肉：中秋的回憶

自我有記憶以來，中秋節似乎除了吃月餅，家家戶戶也都會烤起肉來，但問長輩，他們的中秋節似乎和烤肉沒有關係，究竟我們的中秋節的記憶如何跟烤肉連結在一起呢？

從民國八十六年陳正之的《台灣歲時記》裡，提到中秋節時，還特別說到了公園或是山明水秀的地方賞月時「千萬別烤肉污染了空氣」，可見當時已經有人在烤肉。二〇〇八年《聯合晚報》的社論提到政府不該干預庶民文化，但認為「中秋烤肉」不算傳統民俗，頂多只是民間自主性的風潮。

中秋烤肉的來源有幾種說法，《民生報》認為在一九八一年因為烤爐的外銷不景氣，廠商開始想辦法內銷，而新竹地區又是製造烤爐的大本營。後來又有人說是因為烤肉醬廣告的關係，因為萬家香醬油推出「一家烤肉、萬家香」的電視廣告，後來金蘭醬油為了搶占市場，也推出廣告宣傳中秋節闔家團圓，最適合在月光下烤肉。

台灣最早關於中秋的記載可以從康熙年間的《台灣府志》見到：

中秋，祀當境土神。蓋古者祭祀之禮，與二月二日同；春祈而秋報也。是夜，士子遞為燕飲賞月；制大麵餅，名為「中秋餅」，以紅硃書一「元」字，用骰子擲四紅以奪之，取「秋闈奪元」之義。山橋野店，歌吹相聞；謂之「社戲」。

祭神、飲酒、賞月、吃月餅都是當時就有的習俗。根據許世融的研究，當時以賞月、猜燈謎、觀賞戲劇、聆聽樂音等為主要活動。由於日本人也帶進了一些新的事物，賞月也增加了登船賞月和飲酒，而且船上也有藝妓彈唱，加入了日本味。

戰後國民政府來台之後，有些記錄也看到對於中秋節的記載，報紙上記錄：「本省中秋之夕，家家戶戶都備酒饌，拜拜福德正神，並酬佳節，又在中庭供奉芒花香臘及中秋月餅，燃香磕頭，這叫做拜月亮（娘），俗傳此日是太陰娘娘的生日，假使家裡有病弱孩兒，則為母親的，自要藉此機會，為孩兒們祈禱健康，本省婦女都很信仰太陰娘娘，又這天晚上，依照習俗，都不歡喜早睡，要開夜車，越是遲睡，越能長命。」

祭祀、團圓吃飯、吃月餅、賞月等仍然是戰後中秋節俗的主要活動，所以什麼時候才有烤肉呢？值得注意的是《經濟日報》在民國六十一年記載中秋節的旅遊有烤肉的活動。民國七十年的時候，烤肉已經成為一個獨立的活動，到民國七十九年的時候，《聯合晚報》指出：「近年來月下烤肉就處處可見，大家埋頭烤肉之際，不知道記不記得抬頭欣賞月色。」

埋頭烤肉的原因主要是烤肉的活動是一種聯誼的方式，尤其在團體和剛開始認識的活動中，從烤肉到生火、烤熟的過程，需要多人一起工作，不熟的朋友可以慢慢在彼此合作的過程慢慢熟悉；熟悉的親友在節慶的時候也可以一邊聊近況，一邊烤肉。

烤肉成為台灣人中秋節的共同記憶和城市化的過程很有關係，當大家離開傳統的農村，中秋節的烤肉成為團圓又可以彼此凝聚疏離感情的活動，烤肉簡單，而且中秋節的晚上氣候涼爽，看不看得到月亮不是重點，彼此相聚才是核心的記憶。

❶ 萬家香烤肉醬是許多台灣人中秋烤肉的共同記憶。

❷ 現在的中秋月餅口味與選擇相當多元。

❸ 中秋賞月是早期就流傳下來的習俗。（圖片來源：Freepik）

泡麵的記憶

不管是深夜，或是出國餓了，大家總會想起泡麵，是我們日常生活不可或缺的良伴。

台灣泡麵的誕生和日清公司有很大的關係，一九六七年泡麵在台灣的市場上開始販售，台灣國際食品公司與日清公司合作，推出了「生力麵」，由於製作方式簡單，所以各大食品廠商也都加入了生產的行列。

「生力麵」一開始推出不像後來給人在健康上不好的形象，反而是衛生營養的食物。然而，當時在市場上的銷售並不好，主因是台灣人不習慣日本的雞汁口味，銷售兩個月後就遭到零售廠商的退貨。

後來透過美國小麥協會的幫忙，利用免費贈送的方法，嘗試讓大家接受。由於當時美國的小麥過剩，加上戰後美國援助日本和台灣，在台灣成立辦事處處理小麥的推廣業務。剛好當時遇到颱風，很多民眾開始了解到颱風天積存糧食的重要性，而生力麵是颱風天最好的備用糧食。

從日本來的生力麵在一九七〇年代開始有了本土化的過程，將台灣人習慣的麵食口味和泡麵的生產技術結合，符合在地消費者的口味。當時推出國人較為熟悉的肉燥麵、擔擔麵、炸醬麵。我們現在想起泡麵就會想起統一肉燥麵或是維力炸醬麵就是泡麵本土化的第一波生產出來的泡麵，也成為我們共同的記憶。

早期台灣的泡麵只有麵體本身和調味粉包，後來有了一些油包增加香氣。但在一九八〇年之後，由於軟性罐頭技術的發展，內容物更加豐富，像是大家覺得最為澎湃的滿漢大餐或是一度贊，裡面有整塊的牛肉，而且牛肉麵隨著國人對於牛肉的食用越來越熟悉，也在消費者中獲得歡迎。

泡麵後來因為添加物的關係，原來營養的形象變得沒那麼「營養」，而且在還沒那麼富裕的年代，大家覺得便宜的泡麵就可以飽餐一頓，但等到八〇年代之後，越來越注重食品當中的添加物，泡麵也增加了一些「健康」的包裝，像是有強調食補的，也有強調健康的。有強調男性飽足感的阿Q桶麵，也有以女模特兒走秀作為廣告，強調吃了也可以保持纖瘦體態的Q cup。

泡麵接著推出杯麵，讓大家直接買回去沖泡，更加容易，在外宿的學生族群中得到很大的歡迎。日本的杯麵據說是日清的創辦人安藤百福在開會的時候，看到有人用杯子泡泡麵而發明出來的，本來沒有很熱門，但有次發生人質挾持事件，警方在圍捕的過程與歹徒僵持了很久，直播的畫面中出現警察以杯麵作為宵夜的鏡頭，讓杯麵大為流行。

解嚴之後，台灣和世界不同國家的來往越來越密切，九〇年代先是日本的影視文化，二〇〇〇年之後則是韓國的偶像劇，都讓日、韓的泡麵口味也進到了台灣，甚至很多商場都直接賣起進口的泡麵，讓消費者可以直接在台灣感受到外國的口味。

相對於台灣稱作泡麵，在中國則是方便麵，而且最大的經營者還是台商頂新的「康師傅」，二〇〇二年在中國以衣錦還鄉之姿回到台灣，讓當時台灣的泡麵品牌相當擔心，尤其是統一集團。相較於外來者，「統一麵世界」下的眾多品牌則是強調本土，拉緊台灣人的認同感與歷史發展。

泡麵已經成為台灣與日本每個人餐桌上的重要記憶，在夜晚飢餓的時候，在沒有錢買下一餐的時候，我們人生很多的時候都有泡麵，伴隨著我們一起長大、一起經歷過很多時刻。

晚上追劇或是加班的時候，所有店都關了，今晚來碗來一客、阿Q、滿漢大餐，還是奢侈點，來碗日、韓進口的泡麵，三分鐘的魔法，就可以讓飢餓得到緩解，一天的疲累得到慰勞。

關鍵詞

日清與創辦人安藤百福

日清食品公司的創辦人安藤百福本名吳百福，出生於日治時期的台南縣東石郡朴子街。二次戰後的日本，有些台灣人選擇回台，成為中華民國的國民；有些則選擇留在日本，改名換姓成為不折不扣的皇民，安藤百福便是其中之一。即便他在傳記中曾寫道他發明泡麵的過程，但事實上他詳述的過程是另一位台僑張國文的經歷，然而這樣的爭議，並未影響日清食品公司一年兩千億日圓的營業額，日清的創立對於飲食文化的改變，依然具有一定程度的歷史意義。

康師傅

「康師傅」品牌由台商頂新集團所創立，以十年時間在中國成功奠定市場，創造出年銷六十五億包泡麵的紀錄，二〇〇二年底返台投資一億元，委託味全公司代理生產康師傅速食麵，攻進台灣速食麵市場。二〇一三年，台灣爆發食用油食安問題，頂新集團被查獲向越南大幸福公司進口劣質油品，製成食用油販售，時任董事長因違反《食品安全衛生管理法》遭判刑，旗下之康師傅泡麵便停止在台灣生產銷售，並暫停實質營運，自二〇一七年正式解散。

泡麵的發明促使飲食文化的改變。

便當的記憶

搭火車和高鐵的時候，我們習慣吃個便當，以往最熱門的就是台鐵的炸排骨便當。台灣的鐵路便當來自日本，又和江戶時期欣賞戲劇的「幕之內便當」有關。一邊等待著表演、一邊享受著邊當中的菜色。

「幕之內便當」是現在便當的始祖，但當時沒有鐵路，所以無法說是鐵路便當。日本有了鐵路之後也有了鐵路便當，台灣的鐵路便當主要來自於鐵路運輸的興起，縱貫線鐵路一九〇八年通車的時候就有相關的飲食服務，後來又增設了食堂車，方便搭車的旅客有不同的選擇。一開始還沒有開始賣便當的時候，經常都是火車靠站的時候，很多販賣飲食的商人會在月台邊，讓旅客可以從窗戶直接購買。

從一九一四年在《台灣日日新報》的一篇〈驛々の辨當〉中，一位日本人在台灣旅行的時候，他在桃園、苗栗、新竹和台中都買了「鐵路便當」，還有寫其中的菜色，並且加以品評。

有趣的是當時從北到南有五十多個車站販賣便當或是壽司，每個地方都會出現具有各地不同風味的便當文化，和現在台鐵全台大致類似的便當不同。改變便當文化最重要的就是米飯，日本人在台灣實驗「蓬萊米」成功之後，台灣的米口感更像日本人習慣的口感，不用進口日本的米，成本降低更多，賣便當的人更多。

國民政府來台灣之後，便當的文化和經營方式繼續承襲下來，從中國來台的作家張天心，曾經寫下〈便當之戀〉，算是她對於便當的初體驗，她說：

> 我在台灣第一次吃到便當，是十多年前，在火車上吃到的。……便當中的蓬萊米飯是那樣柔軟清香，炸肉片或炸魚片是那樣酥脆鮮嫩，滷蛋雖然只有半邊，可是味道正宗，恰到好處，幾片黃蘿蔔看起來有點像化了妝的「寶島姑娘」，顯得太鮮、太艷，可是吃到嘴裡又脆、又甜、又下飯。

張天心來到台灣才第一次吃到便當，而且當時便當的食物比起食堂車的還好，讓她難以忘懷，而且是用薄木片製的餐盒，也就是和現在我們看到的「池上便當」類似，為什麼木片會用來包便當呢？

日本人為了提煉軍用的潤滑油，在台東種植了相當多的油桐來榨油，木片能夠吸收米飯的水分，讓米飯不會過於黏膩，保持粒粒分明的口感，而且木片的微量芬多精還能殺菌，堪稱天然的環保材質。

戰後剛開始還維持一陣子日式風味混和台灣食材的便當，一直要到一九五六年陶德麟接任台中鐵路餐廳首任經理的時候，才開始有不同口味的便當。根據曾令毅的研究，陶德麟接獲指示台中站要供應便當之後，他與師傅專心研究，推出江浙菜系的炸排骨菜飯，白米煮熟後再用豬油和青江菜拌炒，然後配上主菜炸排骨、滷蛋和酸菜，用特製的鋁盒盛裝，在台中和嘉義站提供，炸排骨便當推出後口耳相傳，不僅在火車上賣，很多店家也開始模仿，成為一股流行。

由於食物保存的因素，當時有些旅客拿到便當的時候已經有酸腐的味道，特別是在夏天的時候，後來為了解決酸腐的問題，將排骨先炸過再滷，可以保存排骨食用時間，想到這個方法的林火柴是想起鄉下阿嬤的作法，後來受到賞識，成為台鐵餐廳的首位台籍經理，而後來成為國民記憶的「滷排骨便當」也是他的發明。

然而，隨著時代越來越進步，炸排骨便當搭乘的人吃一兩次就膩了，單調沒有新鮮感，後來台鐵為了增加旅客的新鮮感，增添了很多新的口味，像是牛肉、雞腿、鰻魚……等不同口味的選擇，讓旅行的回憶增添了更多的味道。

關鍵詞

幕之內便當

幕之內便當是日本便當的一種，由米飯和多種類的副食組合而成。因最早在能劇、歌舞伎的幕間食用而得名。《守貞謾稿》認為最早製作這種便當的是在芳町的一家名為萬久的店鋪；而當時幕之內便當已經不只在劇場流行，也作為慰問病人、朋友贈答的禮品。配菜一般使用不含汁水的食物，例如日式烤魚、玉子燒、漬物、日式煮物等，明治時代以來，幕之內便當也成為鐵路便當中一種典型的、有代表性的類型。

蓬萊米

蓬萊米是台灣廣泛食用的米種，由粳米和秈米混種而成，主要由日本稻作專家磯永吉與末永仁在台北草山竹子湖混種改良成功，一九二六年台灣總督伊澤多喜男命名「蓬萊米」，用來區別台灣本土的「在來米」（秈米）。蓬萊米能夠適應高溫的種植環境，能配合大量肥料而量產，米粒外觀圓短，黏性較高，口感軟硬適中，普遍用來料理成米飯、壽司等飯食。

❶ 蓬萊米。

❷ 台鐵的滷排骨便當是許多國民的共同記憶。（圖片來源：陳哲堅）

台灣茶文化的記憶

台灣人愛喝茶，從價格不斐的高山茶到路邊的手搖飲料，每天都會接觸到茶。台灣最早的茶苗是福建引進來種植於現在新北市平溪和深坑一代，大概在清代中葉的嘉慶年間，後來逐漸擴及到北台灣。改變台灣茶業種植和經營生態的最重要原因是因為一八五八年，英法聯軍清廷失敗，簽訂通商條約，台灣開放安平、淡水、雞籠和打狗四個港口。外商紛紛來台設立洋行。

英國商人杜德（John Dodd）來台灣調查樟腦、茶葉市場，成立「寶順洋行」，他發現北部文山和大溪地區的茶園很適合開發，僱用廈門籍商人李春生，從福建安溪引進烏龍茶苗，鼓勵附近的農民種植。後來在一八六六年在大稻埕設立茶行和工廠，並且利用兩艘大型帆船，用「Formosa Tea」為商標的台灣茶載到紐約販賣，深受歡迎。在清朝統治末期，大稻埕已經有很多茶商，販賣台灣茶。

清末台灣從事茶業的人口有三十萬人之多，有效解決台灣人口的壓力，而且茶的出口產值高達百分之七十四．九。日本統治台灣之後，派出官員進行茶業的相關調查，當時台灣茶業面臨很大的考驗，容易受到國際茶葉市場的影響，競爭對手也多，而且沒有使用現代化的產茶方式，無法規模化。

而且一開始，台灣總督府對於茶產業的政策比較消極，嘗試導入機械製茶和茶樹栽培，一直到了大正七年（一九一八）總督提出了茶葉獎勵計畫，台灣茶業才算進入全面改良時期，在茶葉產銷、研究都進入了轉變，讓台灣茶業整合出以區域為單位的茶。

日本政府進行台灣茶業的研究，還有人才的培育，平鎮茶葉試驗支所是日治時期台灣茶業研究機構的重鎮，引進機械製茶，從事茶樹栽培和肥料試驗，並且開始茶樹的育種，鑑定出台灣四大優良品種的茶樹，經過推廣統一台灣的茶園，後來培育出二十二個新品種的茶樹。

台灣總督府為了確保台灣茶在國外市場的聲譽，成立了茶葉檢查所，專責外銷茶葉的輸出檢查，避免劣質的茶葉輸出，對於台灣茶業的聲譽有很大的貢獻，而且總督府對於台灣茶業的宣傳也不遺餘力，在各地舉辦博覽會，宣傳台灣茶，讓台灣茶成為世界對台灣的印象之一。

二次世界大戰之後，從一九四五年到一九六〇年，茶園的種作快速回升，因為戰時的荒廢，後來復耕恢復以往的種作。但隨著經濟轉型，工商業的發展吸收了很多的勞動力，茶園的面積縮小。而且北部種作茶葉的地區開始嘗試其他的經濟作物，反而是南部開始大量種作，而且在垂直分布上也向高海拔的地區種作，尤其是南投縣名間鄉與鹿谷鄉的發展最為迅速，還有雲林、嘉義高海拔地區的高山茶。

由於國際茶葉市場的變化，台灣外銷茶葉在市場上失去競爭力，為了挽救台灣的茶葉，政府開始精緻化台灣茶，轉為內銷市場。增加多種產銷的管道，還結合歷史、文化和風土，讓茶葉文化深入台灣的家庭之中。近來茶葉生產的故事也成為文藝創作的一部分，像以新竹北埔茶商姜阿新為背景的影集《茶金》引起大家的關注，也讓茶業的記憶從產業、生活，成為我們歷史記憶的一部分。

關鍵詞

茶金的故事

《茶金》劇情描述在茶葉比金子還貴重的一九五〇年代，全台最大茶葉出口商的獨生女張薏心接手父親龐大事業，在一個沒有「女商人」的時代，如何在爾虞我詐的商戰中，靠著茶葉創造經濟奇蹟。劇中由郭子乾飾演的「吉桑」就是以新竹北埔的知名茶葉商人「姜阿新」為原型，在現實中正是道道地地的茶虎。姜阿新利用戰後混亂，南洋茶園荒廢的時機，藝高膽大地進軍茶界。在新竹北埔創立永光公司，颳起茶葉界的「姜阿新旋風」，贏得「茶虎」美名。

❶《茶金》戲劇海報。
（圖片來源：公共電視）
❷ 嘉義梅山一帶的茶園。
（圖片來源：Photo AC）

辦桌的記憶

「辦桌」要用閩南banto來唸才有感覺，用北京話來理解像是「外燴」，或是英文的catering，但那都不夠精準，沒有那種人親、土親的感覺。就像「總鋪師」也是台語而來，「總鋪」在北京話不知道其中的意涵，但用台語唸「總庖」、「掌庖」就知道為什麼得名了。

現在已經不常吃到「辦桌」了，記得小時候每到親戚結婚，或是公司尾牙都有人在路邊或自家門口搭棚子，既簡單又隆重，而且很有人情味。看著現場蒸籠滿溢出來的熱煙，還可以聽到咚咚咚的切菜聲，用快速爐加熱的油鍋，放進炸物，從大廚到上菜的人，有時一開就是百桌，每個人都能精確地完成自己的任務，把香噴噴的菜肴端上。

台灣的辦桌文化主要在戰後才慢慢發展起來，一開始比較沒有專業的分工制度，但是到了民國六十年後，隨著國民經濟生活的好轉，在廟會喜宴開始出現上百桌、千桌的辦桌。

日治時代還沒有出現如此專業分工的宴席，但很多現在辦桌菜是沿襲當時的菜單，由「台灣總督府交通局鐵道部」編纂，於昭和十七年（一九四三）發行的日文書，其中收錄了兩款台灣筵席的菜單：

1. 清湯大燕、生炒大蝦、紅湯魚翅、脆皮燒雞、清湯水魚、半席蝦餃、鴛鴦絨鴿、神仙冬瓜、八寶煎鰻、如意片筍、杏仁豆腐、完席不忍。

2. 冬荷魚翅、金錢蝦餅、水晶鴿蛋、蔥燒小雞、蘆筍蟳羹、半席春餅、炸魯香鴨、神仙白菜、鮑魚燴肚、紅燒鮮魚、杏仁白果、完席酥餅。

如果仔細看菜單的話，可以發現以海鮮居多，而且很多我們現在仍然在餐桌上吃得到，顯見海鮮料理對於辦桌菜來說，是招待客人的重要菜色。

除此之外，辦桌經常因為地方的節慶，或是迎神賽會，作為酬神或祭祀活動的一部分，平常雖然簡樸，但在重要的儀式時，一定要「澎湃」大氣。辦桌菜每席通常都十道以上，同時有山珍海味，還有飯後的水果點心，一開始以冷盤開始，四碟到五碟的冷盤讓賓客開味，一般來說接下來則是四葷一素或是五葷一素，湯、菜、羹、山珍海味，口味上以酸、甜、鹹、香為主。

葷菜則是以海鮮為主，常見的龍蝦、九孔、魚翅、石斑、海參都是常用的食材，除了傳統常見的上菜方式——蒸、燉、燴以外，現在還多增加了一些焗烤和鐵板的方式，除了因為飲食方式的改變，這些料理可以發包出去，現場加熱就可以，不像以往那麼「費工」。全程從頭到尾都要按照古法的話，十分費人力，而現在最缺的就是人工。

前幾年曾經有部電影《總鋪師》，以南部最有名的蒼蠅師的遺孀和女兒為主角，原本拒絕傳承父親廚藝的女兒詹小婉，在因緣際會下，接下了「辦桌」的任務，而且因為債務的關係，加入了政府舉辦的「第一屆總鋪師」比賽。影片透過喜劇的方式，描述市井小民的心聲，詼諧卻又感人。

總鋪師這個行業的確在式微，高雄的內門鄉有很大一群總鋪師，主因是這裡不大容易討生活，其中有一批人到台南的龍崎學藝，現在還有超過一百五十戶的人家從事辦桌業。

由於時代的變遷，再加上場地的限制，現在因為衛生條件的要求，較難在路邊搭棚，而且人口銳減，加上高溫和辛苦的環境，年輕人不願意投入，今日的婚喪喜慶和活動大部分都由飯店或生命禮儀公司包辦，但還是有人特別選擇辦桌，因為質樸、溫暖且帶有人情味的感覺，而且大家都知道總鋪師的手藝一定要好，功夫一定要夠，才能駕馭如此多的食材和人手，端出一盤盤精緻的好菜。

❶、❷、❸ 台灣的辦桌菜色相當豐富多元。

旅行的歷史記憶：台灣八景

現在網路上到處充滿著「網紅打卡景點」，或是「一定必看」的景點，其實以往最為知名的台灣景點就是「台灣八景」，而且它們的熱門程度遠比現在的網紅景點來得更熱門。

從清帝國統治台灣之後，一六九六年就有所謂的「台灣八景」，寫出在台灣看夕陽、賞夜景、遠眺日出的景色。當時的文人遊歷台灣，還留下詩詞，有點像現在的「旅遊打卡」。

清國在台灣的領域逐漸從台灣南部擴及到西部平原，後來還有所謂的「台灣府八景」、「鳳山縣六景」，或者「淡水廳四景」。從統計來看，有一百一十五位文人寫下了五百二十二首與台灣八景有關的詩。除了詩詞以外，後來還有搭配詩文的圖畫出現，可以說是最早的旅遊指南。

然而，清帝國時期的八景，大部分是文人同溫層的活動，一般人並不關心。日治時期，日本統治的範圍擴大到全台，帝國想要找出新時代的八景，而且希望全民參與。總督府在一九二七年在《台灣日日新報》舉辦「台灣八景」的票選活動。

投票方式相當簡單，只要將「代表台灣的名勝」寫在相關的明信片或投票紙上就可以，再署名和寫上地址，寄到指定地點就完成了。雖然一張明信片只可以寫一個地點，但投票次數不限。所以台灣每個縣市的居民輸人不輸陣，糾集親朋好友，希望讓自己家鄉的景點可以登上八景。

活動期限只有一個月，台灣民眾積極參與，人口只有四百萬的台灣人，總票數竟然有三．五億票。由於太過踴躍，有些地方的投票紙還賣完，必須緊急加印，可見當時民眾的熱情。

選出的台灣八景為：基隆旭岡、淡水、日月潭、八仙山、阿里山、壽山、鵝鑾鼻、太魯閣峽。審查委員後來還選了兩個「別格」（特選的意思）：圓山的台灣神社與新高山（玉山）。

新的台灣八景從北部到東部，由於日本引進現代的登山運動，增加了很多的山景，更加全面，也更加讓台灣人了解台灣之美。票選完之後，從投票的踴躍可以看到背後有巨大的商機，開始有八景的旅行團。日本政府趁機推出相關的導覽手冊，而且還有畫家吉田出三郎繪製的八景明信片。

原來現在的文創商品，在日治時代就已經開始推出了，當時還有八景紀念戳章，甚至還有「八景圖煎餅」，在一百多年前已開始熱賣。透過八景圖的票選，還有相關的觀光活動，加上全島鐵路網和公路網的完成，台灣總督府開始推出「台灣鐵道旅行案內圖」，串聯台灣各個景點。

「台灣八景」讓台灣人有了現代化的觀光旅行，同時凝聚了島內居民的認同。日本內地的人透過活動，對於到台灣觀光也有較高的興趣。第二次世界大戰之後，中華民國政府來到了台灣，在一九五三年曾經頒布自己的「台灣八景」版本。

然而，由上到下的活動引起不了民眾的興趣，而且戒嚴時期的大中華思想，希望教育中國的認同，不想透過積極的活動推動台灣的觀光。在解嚴和台灣認同成為共通的價值時，二〇〇五年又重新開啟了「台灣八景」的投票，將近百年之後，多了台北101，還有戰後才有的台北故宮，高雄重新整治的愛河都列入新的八景。

台灣八景，是台灣人對於美景的認識，也是觀光的記憶，同時也是政治和文化的對話。

關鍵詞

清代台灣的領域

台灣清治時期又稱為清領時期，指自一六八三年清朝康熙皇帝派遣施琅消滅鄭氏時期的東寧王國政權，至一八九五年四月清朝與大日本帝國簽訂《馬關條約》台灣割讓予日本為止。事實上，清領初期並未將台灣全島納入其行政版圖之中，明鄭王朝末任君主鄭克塽降清以後，康熙對台灣棄守問題詢問朝中官員，而朝中官員對於台灣是否收入版圖，分成兩派；一六八四年，康熙在統整思考兩派意見後，接受施琅等贊成派官員的意見，決定將台灣納入版圖，劃為福建省的一部分。

一九五三年頒布的「台灣八景」

台灣八景指的是台灣的八大景色，隨著時代而有所變遷。一六九六年的《台灣府志》中，就曾有關於台灣八景的描述。一九五三年，中華民國台灣省政府重新制訂台灣八景為：雙潭秋月、玉山積雪、安平夕照、阿里山雲海、大屯春色、魯谷幽峽、清水斷崖、澎湖漁火。

❶ 吉田初三郎所繪製的《台灣八景》明信片。（圖片來源：國立台灣歷史博物館）

❷ 花蓮太魯閣為台灣八景之一。（圖片來源：Photo AC）

❸ 日月潭的湖光山色。（圖片來源：Photo AC）

書店的歷史記憶

大學的時候晚睡，有時候會到位於仁愛路和敦化南路圓環的誠品書店，二十四小時的誠品，不管是深夜或是清晨，永遠有書相伴。實體書店的好處就是看得到一本一本的書，不像在螢幕中的網路書店，只能看著簡介想像其中的內容。

回顧台灣人的書店記憶，最早是從一九二〇年代開始，《記憶裡的幽香》指出一九二七年的台灣工商名錄中，有三十家書店，大部分是日本人經營，有六家是台灣人經營。日治時代的書店的書籍主要是日文書，從日本進口，所以書價偏高。除此之外，也有一些從清國進口的漢文書。書店除了販賣書籍，也賣文具。

讓我們先回到將近一百年前的台灣高校生，看看他們在讀什麼吧！一百年前能夠進入台北高等學校的都是當時的菁英，人中龍鳳，他們大學都可以選擇到日本不同的帝國大學就讀。

一九三〇年代在台北的高校生經常到書店，看看有什麼新書。很多日本剛出版的書，台北就買得到，有日本文學的書，也有翻譯美國諾貝爾獎得主賽珍珠的書。當時高校生也很想了解世界的政經局勢，由於德國希特勒掌權，他的傳記《我的奮鬥》（*Mein Kampf*）也是暢銷書。

台北高等學校後來培育了第一位台灣人總統李登輝，在高中時最喜歡的書是浮世德的《少年維特的煩惱》（*Die Leiden des jungen Werthers*）、倉田百三的《出家與弟子》，探討著少年的憂慮、煩惱，還有如何從深刻的思想解脫這些人生的問題。除此之外，大量知識類的書，從經濟、社會、政治，到自然科學也是當時高校生喜歡看的書。

戰後日本人離開之後，台灣進入了中文的世界，很多在中國的書店也隨之遷來台灣，像是商務印書館、中華書局、世界書局，大部分都設立在台灣的重慶南路。台灣人也有成立漢文的出版社，像是東方出版社、台英雜誌社。從中國來的移民也帶來一些圖書和文物，在牯嶺街販賣，舊書店街提供了一個可以找書買書的空間。

日治時期的重慶南路已經開始有些書店聚集，戰後由於教科書的出版社而形成書店的聚落，整條街都是書店，各種書籍都有，我還記得以前父親帶我在重慶南路買書的情景，重慶南路的書店街榮景要到一九九〇年代之後才慢慢沒落。

由於當時有出版禁令，出版品都需要審查，一些未經過審查，批評政府的作品就會在重慶南路書店街的騎樓販賣，其中談論民主、自由的理念，也滋養了很多台灣人思想。牯嶺街由於在路上擺攤子賣書有礙觀瞻，政府漸漸地將它們輔導到新蓋好的光華商場，那也是我中學找書的地方，滿滿的舊書攤在光華商場的地下室。

一九八三年由原來的「高砂紡織公司」在台北的汀州路三段成立了「金石堂」，將原來地下的廠房改建，開啟了台灣連鎖書店的先河。後來一九八九年誠品結合了書店與咖啡的複合式書店，還二十四小時營業，讓台灣對於書店的記憶更加多元。

誠品書店寬敞明亮，而且還兼賣很多文創商品，後來根本成了百貨公司，吸引了愛書人以外的客群。在中、小型城市，還有一些連鎖書店，像是諾貝爾、墊腳石等，服務不同地方的民眾。

有些小型社區書店，長期以來陪伴地方居民，因為連鎖書店的興起招致其逐漸沒落。幸好在最近十多年，一些有理想的書店經營者在全台各地開啟了獨立書店，結合地方文化，在選書和活動的策畫上都有自己的客群，並且將書店經營為平台，為地方文化注入活水，成為新的記憶。

重慶南路書街雖不復以往，但仍有書店屹立不搖地堅持著。

台灣人的英語記憶：彭蒙惠

彭蒙惠（Doris Brougham，一九二六—二〇二四）出生在美國德裔基督教家庭，家裡有十個兄弟姊妹，排行第六，十一歲的時候在教會夏令營中聽到去中國布道的牧師談到中國的經驗，相當感動，立志到中國傳道，二十一歲的時候以傳教士的身分搭船到上海，剛好遇到中國共產黨與國民黨之間的內戰。

在一九四七年進入中國安徽的語言學校學語言，後來因為中華人民共和國成立，無神論的共產黨對於宗教不信神，逃往香港，在一九五〇年十二月決定前來台灣，後半輩子都在台灣。

相較於大部分的傳教士一到台灣，都到西部的城市做傳教的工作，她看到東部人煙稀少，選擇到花蓮工作。一九五一年的二月，她到花蓮的美崙落腳，先到玉山聖經學院（今天的玉山神學院）教音樂。後來，她成立了一個教會，一開始只有九個小朋友的主日學，讓他們了解基督教的信仰，彭蒙惠也開始學習原住民語言。

在玉山聖經學院的學生，有阿美族、泰雅族、布農族等不同的部落，當時因為國民黨政府對於山地的管制，要進入山地需要入山證，相當困難，彭蒙惠排除萬難，申請到了合法的入山證，深入原住民部落。

一開始進入原住民部落的時候，由於當時很多人沒有見過外國人，晚上還會拿著火把進入房間盯著她看，彭蒙惠承認她有些不安和緊張，但對於主的愛讓她可以度過困難。

除此之外，為了傳播福音，她也找到中國廣播公司的援助，在花蓮台講述《聖經》的故事，之後遠東廣播公司慕名而來，請她製作兒童節目，她請三個小朋友做播音員，帶領他們錄製一集一集的節目。接著教育部邀請彭蒙惠錄製英語教學的廣播節目——空中英語教室，獲得很大聽眾的喜愛，後來還把教材編成《空中英語教室》雜誌，成為台灣最受歡迎的英文刊物。

彭蒙惠按照英語的程度推出《大家說英語》、《空中英語教室》和《彭蒙惠英語》三種不同的英語雜誌，每月定時出版，幫助各種程度和年齡層了解英語。彭蒙惠直到二〇二四年過世前，每天都還會進辦公室，對著鍵盤編輯生活化的英語授課單元，九十多歲的時候還推出手機板免費英語學習的資源。

二〇二三年蔡英文總統親自參觀空中英語教室，將台灣護照交給彭蒙惠，歡迎她成為台灣人，並且感謝她對台灣的貢獻。蔡英文在臉書提到：「歡迎彭蒙惠成為正港的台灣人！《空中英語教室》是台灣人學習英文的青春記憶，到現在都還是許多人增進英文能力的好幫手。」

未來台灣有二〇三〇年成為雙語國家的目標，彭蒙惠覺得英語和本土語言並不互相排斥，而可以相輔相成，從師鐸特別獎、金鼎獎到紫色大綬景星勳章，彭蒙惠可以說是台灣兩千萬人共同的英語記憶，本來以為會結婚生子的她，數次和婚姻錯過，但她教育了上千萬的學生，使自己和台灣的記憶都更加豐富。

關鍵詞

二〇三〇年雙語國家政策

二〇三〇年雙語國家政策旨在培育台灣人才接軌國際，以「教、考、訓、用」四項原則，推動各項雙語措施，以提升人才的國際化視野與國際溝通能力，並成立行政法人專責推動，讓雙語政策發展中心的設置，有法律依據，不因政府人事更迭而影響政策推動；在預算方面，也透過立法通過預算，確保政策執行所需的資源不受影響。

彭蒙惠。（圖片來源：維基共享資源）

秋海棠的中國記憶

我始終記得以前上地理課的時候，老師指著黑板上的地圖說我國就像：「秋海棠」，而且我國的疆界最東到烏蘇里江與黑龍江交界口，最西到帕米爾高原的噴赤河，最南在曾母暗沙，最北到薩彥嶺，現在感覺很荒謬，但那個時代我們每個人的記憶和認知裡都將之視為是無可置疑的一部分，而且決定了成績的高低和未來的出路。

然而，中華民國自從一九一二年革命建國以來，從來就沒有實質統治過像「秋海棠」的中國，地理課本的教育是一種洗腦的行為，讓台灣的學生有種現實與過去的錯覺。

一九四五年中華民國政府接收台灣，一九四七年國訂本開放印行，台灣所用的教科書就與中國同步，地圖必須送到內政部審核才可以發行，管控「中華民國」該有的樣子和詮釋權。

一九四九年中華民國政府占領台灣之後，台灣是「秋海棠」裡不存在的一部分，但卻被當作中國的邊陲，當時的台灣學生幾乎沒有去過中國，而是在後來的國民教育中被教育中華民國該是什麼樣子，而且在一九五六年大專聯招之後，成為唯一的答案。

在後來頒布的「初中地理課程標準」為：「（壹）了解我國版圖之演變與地理概況；（貳）了解我國物產及蘊藏之大概，並灌輸學生利用厚生之常識；（叁）從廣土眾民之事實中，激發愛國思想，保護國土，及反共抗俄之精神；（肆）明瞭世界地理概況及我國現在之國際環境。」

高級中學地理教科書的課程目標：「（壹）講解我國地理狀況及民生國防等建設事項；（貳）了解我國物產及蘊藏詳細分布情形，激發愛國思想，保護國土、及反共抗俄之精神，與樹立利用厚生之志願；（叁）綜述各洲地理狀況，世界經濟、政治形勢，擴大其世界眼光，了解我國在國際上之地位。」

地理成為反共抗俄的背景下，加強台灣人愛假的「中華民國」的樣子，隨著反共復國的幻想破滅，在一九六七年推行九年國民教育，當時蔣中正總統指示：「今日我國各級學校，不論小學、初中、高中之課程，教法與教材，希根據倫理、民主、科學之精神，重新整理，統一編印。」隨著社會和經濟的發展，一九七〇年代增添「經濟地理」和「人文地理」以符合社會的現實。

地理課本所依據的疆域是一九四七年國民政府在中國大陸的統治範圍和相關的資源調查。然而，要像「秋海棠」的關鍵是外蒙古。聯合國早已經承認外蒙的國際地位，但在國民黨的地理教學中，將蒙古列為「本國地理」教學。除此之外，一九四九年以後中華人民共和國的實際改變，我們的地理課本以鴕鳥心態以「非法」視之。

「秋海棠」的歷史記憶是一種非常扭曲的心態，以一九一一年清朝的疆界為底圖，當時台灣屬於日本人統治，然後在完全忽視已經獨立的蒙古還有一九四九年成立的中華人民共和國，要人民完全接受國民黨政府的洗腦。

當一九八七年政府開放大陸探親，這些被中華民國教育的居民，一踏上中華人民共和國，才發現以前的教育是神話，當時有民眾返台後向教育部反應此事，教育部方面僅以「教科書非旅遊指南」，希望民眾去中國前了解到自己記憶裡面的荒謬，買一些新的地圖，才能呼應現實。

一九九一年五月動員戡亂時期結束，中華民國政府承認中共「叛亂成功」，教育部擬定「地理教科書編造大陸地區教材改進方案」，希望用現狀作為教學的準則，但還有很多執行上的困難，直到二〇〇〇年政黨輪替，加入大量台灣的歷史和地理的現狀，還有承認現狀，才讓台灣的學生脫離虛假的記憶。

關鍵詞

外蒙古

外蒙古在辛亥革命後首次脫離中國獨立；一九一五年，中、俄、蒙三方簽訂《恰克圖協約》，外蒙取消獨立，承認中國宗主權；中國則承認外蒙自治。一九一九年，外蒙宣布撤消自治，回歸中國；一九二一年，外蒙再次宣布獨立。一九九〇年一群青年在烏蘭巴托以絕食的方式瓦解了社會主義政體，更改國名、國旗、國徽，並逐步推動民主化，成為今日我們所熟悉的蒙古國。

動員戡亂時期

動員戡亂，全稱全國總動員戡平叛亂，指國家於戰爭或者緊急狀況時，動用全部人員及資源以支援國防軍事活動，用以平息叛亂。西元一九四七年國共內戰時，為徹底對抗共產黨在各地的勢力，「厲行全國總動員，以戡共匪叛亂」，故頒布動員戡亂時期臨時條款，並進入動員戡亂時期。國共內戰最終以共產黨戰勝告終，但退守台灣的國民政府仍舊繼續動員戡亂時期，直到西元一九九一年始廢除。

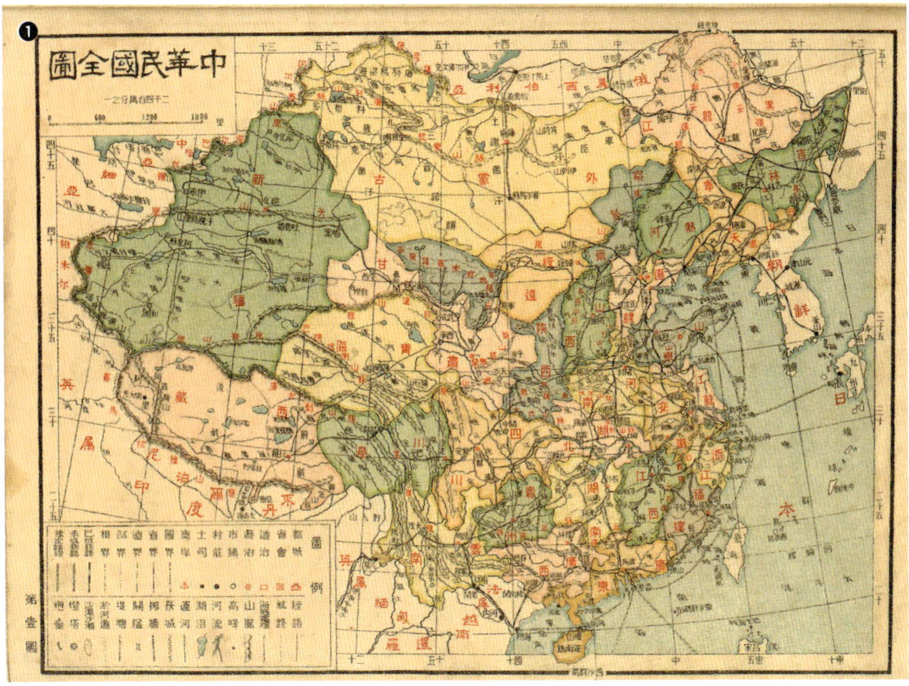

❶、❷ 早期的中國地圖。（圖片來源：維基共享資源）

講國語的歷史記憶

我還記得民國四十年出生的母親跟我說她小時候因為講台語而被罰錢，或是要掛個牌子，上面寫著：「請說國語。」在現在這個強調多元的時代很難相信，而且講母語是天經地義的事情，台灣島上有閩南、客家、原住民，還有很多從不同國家來的族群，每個人本來就講不同的話。

台灣開始「講國語」是因為國民政府接受台灣，然而在中國推行國語運動是因為中國人當時普遍是文盲，有加強教育的意味。但台灣不同，日本人統治台灣五十年，有百分之七十的人都有基礎的日語能力，在台灣推行國語運動主要是想要消除日本認同，教育台灣人成為中國人。

一開始國民黨政府在一九四五年接受台灣的時候，推行國語政策較為寬鬆，但在二二八之後，更加積極推動。後來中央政府在一九五一年「教育部社會教育推行委員會」（簡稱部社教會）之下設置「國語教育輔導會」，一九五五年六月因部社教會結束，遂改為「教育部國語教育輔導會議」。

除了加強國語的推行，限制方言的使用，還對於教會使用的羅馬字拼音加以取締，由於教會為了傳教，以羅馬字拼音成方言以方便跟教徒的溝通，但國民黨政府十分害怕方言會影響統治權，所以也加以禁止。

推行國語的運動在中華民國政府一九七一年退出聯合國之後更加嚴厲，因為國際上的局勢飄搖，除了退出聯合國，還有很多國家與中華民國斷絕邦交，最有實力的美國在一九七九年與我們斷交，更讓中華民國政府的處境危殆。

外部的情勢危殆，由於台灣內部的族群相當複雜，加強內部的團結和認同，從統一語言開始做起，本來只是單純的限制方言，要執行徹底更要用羞辱性的手段，像是掛上請說國語的牌子，一般人戲稱為「狗牌」，或是要罰錢、罰擦黑板、打手心，讓兒童覺得方言是比國語低一等的語言，在公開的場合講方言是不禮貌，甚至是低俗的行為。

〈講一句罰一Khò〉

作者 LÎM CHONG-GOÂN 林宗源

講一句罰一元
台灣話真siòk
阮老父tak日hō我幾張新台幣

講一句掛一pái^{n}狗牌
台灣話bē咬人
阮先生教阮咬這個傳彼個

講一句khiā一pái^{n}黑板
台灣話bē thâi人
阮khiā黑板不知犯啥罪

講一句打一pái^{n}手心
台灣話有毒
阮ê毒來tī中原ê所在

先生　伊講廣東話為啥無打手心
先生　伊講上海話也無khiā黑板
先生　伊講四川話也無掛狗牌
先生　你講英語為啥無罰一元

先生提起竹á枝打破阮ê心

但同樣說別的語言，像是：廣東話、四川話、英語，卻不會被處罰，可以知道當時學校禁止的主要是閩南語，其他方言似乎不在此限。語言政策隨著政治上的解嚴一起進行，一九八七年九月，教育廳通令全國中小學不得以體罰、罰錢的方式來處罰說方言的學生。

最早開始提倡鄉土和母語教育的是一九八九年選上台北縣長民主進步黨籍的尤清，將母語教學列入施政重點。一九九〇年之後中央政府也開始認為要鼓勵保存、研究與使用方言，強調將改變一語化的政策，並且推行母語研習活動。本來《廣播電視法》中的第二十條有限制方言的使用比例，後來在一九九三年也刪除。

聯合國教科文組織的報告中指出：「世界上約六千種語言中，至少有百分之四十三瀕臨滅絕。」「每兩個星期就有一門語言消失，並帶走與之關聯的整個文化和知識遺產。」

教育部後來提倡「本土語言」，不只閩南語，還有客語、原住民語，最近更擴張到新住民的語言。語言不僅是溝通的工具而已，也是文化的記憶體，沒有語言輔助的文化會逐漸凋零，教育部使用「本土語言」是為了涵蓋語言與文化的傳承，不只聽說讀寫，而是要了解其背後的意涵。

關鍵詞

教會台語羅馬字拼音

教會羅馬字，是鴉片戰爭以後西方國家來華傳教士制訂和推行的各種羅馬字母（拉丁字母）拼音方案，教會羅馬字最早產生於馬六甲，於一八三二年由麥都思所制訂之漳州話漳浦音羅馬字，之後陸續出現福州話、寧波話、潮州話、客家話、上海話等方言羅馬字。一八六〇年，清政府與西方列強簽訂《天津條約》，正式准許外國傳教士去中國傳教，但其實在此之前，天主教和基督教的傳教士，就已經在閩南和台灣傳教，教會羅馬字即是為了幫助傳教士學習當地居民的語言，以利傳教。

臺灣省政府令

中華民國四十四年十月十七日
（肆肆）府民一字第九九四〇九號

事由：為查禁教會教授羅馬字拼音，令仰取締具報。

臺南縣政府：

一 准教育部臺四四社字第一二八六四號函：「一、據報臺南善化鄉耶穌基督教會全以羅馬字拼音傳教，不用漢文，尤其不識漢字兒童反崇尚羅馬字，全臺教友之多，影響國民教育至大，政府對此影響，應加限制，不能許可外國文字來破壞我國基本教育等情。二、查羅馬字使用範圍早有本部規定。至對於用羅馬字傳教，並經貴省政府於四十二年七月六日以四二府民字第二八一九四號通飭比照日文聖經處理辦法處理有案。三、特函請查明糾正見復為荷」。

二 查教授羅馬字拼音，早經本府四三府民一字第六二九二二號令通飭禁止在案。該縣善化鄉耶穌基督教會，仍以羅馬字拼音傳教，殊有未合，仰即查明，嚴予取締具報。

三 令仰遵照。

四 副本抄送教育部，並抄發各縣市政府（局）。

主席 嚴家淦

台灣省政府於1955年禁止教會使用羅馬拼音系統。
（圖片來源：維基共享資源）

國歌的記憶

三民主義，吾黨所宗；以建民國，以進大同。咨爾多士，為民前鋒；夙夜匪懈，主義是從。矢勤矢勇，必信必忠；一心一德，貫徹始終。

「三民主義，吾黨所宗……」，已經民主化的台灣，兒子還是要學國歌，他問我這個「黨」字該如何解釋？我花了很久的時間他才了解其中的複雜程度。

一九二四年，中國仍然處於南北分裂的狀態，以國民黨精神為核心，孫文於廣州創建黃埔陸軍軍官學校，並由蔣介石擔任首任校長。黃埔軍校的學生熟悉「三民主義」，訓練出一群具有國民黨思想的軍人。同年六月十六日，黃埔軍校舉行開學典禮，由胡漢民、戴傳賢、廖仲愷、邵元冲等人撰稿，孫文發表〈黃埔軍校訓詞〉，而這也就是今日我們所熟悉的國歌歌詞。

一九二四年還沒有國歌，先有「黨歌」制定的建議，一九二八年的中常會上，委員戴季陶的黨歌提議被通過，以黃埔軍校開學典禮的訓詞作為中國國民黨黨歌歌詞。後來登報徵求曲譜，審查委員會選定了程懋筠的曲譜，有了我們熟悉的〈中國國民黨黨歌〉。

由於黨和國之間還是有差別，為了杜悠悠之口，一九三〇年三月國民黨中常會又通過了在新國歌還沒制定前，先以黨歌代替。同時，另一方面也作作表面功夫，在一九三〇年和一九三六年都公開徵求國歌的歌詞，每次都收到上千件的投稿作品，但一進入審查委員會，都沒有比原來的黨歌好。

「國歌編製研究委員會」在一九三六年的意見是，只有「黃埔訓詞」才最能表達偉大的革命建國精神。最後在一九三七年六月的國民黨中常會，在選不出來的狀況下，把黨歌「奉獻」給中華民國作為國歌。然而，仍然要擦脂抹粉，掩蓋一下，對「吾黨」進行解釋，指出「吾黨」與「吾人」同義，以避免爭議，後來以訓令告知各直轄機關「茲規定以中國國民黨黨歌，為中華民國國歌」。

二次世界大戰之後，國民黨政府撤退到台灣，由於要以黨控制政府，要培養全民對於黨的效忠，透過教育部頒訂教育實施綱要，便明訂了「各級學校對於國旗之升降，國歌之播唱及國父遺像之懸掛，均應適時適地盡量隆重舉行」，規範「朝會」唱國歌，是「升旗典禮」前的第一個儀式。

然而，明眼人都看得出來，連黨內都有人反對黨歌作為國歌，一九五二年雷震就發文批判：「以黨歌為國歌一事，就是一件極不聰明的作法，因此其他黨派人士，當然不願唱『吾黨所宗』一語。這個『吾黨』明明是國民黨，偏偏要他黨黨人在唱國歌的時候改換黨籍，該是一件多麼傷害情感的事情。」

一九七〇年當政治較為鬆綁，很多黨外人士公開批評黨歌作為國歌，以前在戲院播放電影之前，還要播放國歌，一九八〇年代末期很多人以行動表達在戲院播放國歌的時候不起立，對於黨國體制的反對。

戲院播放國歌後來取消了，由於民進黨政府後來成為執政黨，作為非國民黨的元首，每到元旦、國慶日或是總統就職典禮需要唱國歌的場合，往往成為大家討論的議題，從中國而來的黨歌，在黨國體制崩潰之後，仍然成為我們彼此的共同記憶。

關鍵詞

黃埔軍校

清朝滅亡後各地軍閥割據，國父孫文感於軍事武力的必要性，故在南方籌組軍政府，並在西元一九二四年設立，整備北伐事宜。國民黨接受共產國際代表馬林的建議所創建，主要用來培植國民黨自身的革命武力。可分為黃埔時期、南京時期、成都時期及鳳山時期，並於一九五四年改制為四年大學教育，為國軍培育文武兼備之幹部廿八萬餘人。

民歌的記憶

說自己的故事，唱自己的歌，用歌曲講述我們的生命經驗和認同，而且成為一代人的記憶，這是戰後出生的年輕人對於自己成長記憶的訴說方式。

台灣戰後由於國民政府遷台，實施軍事統治，對於娛樂的歌唱並不鼓勵，但在一九五〇年代晚期，從英美來的流行歌曲逐漸風靡了年輕人。當時美國的巴布．狄倫（Bob Dylan）和瓊．拜亞（Joan Baez）帶有社會意識的歌曲，讓處於戒嚴體制下的年輕人有很大的感觸。

一九七〇年代初，楊弦、胡德夫、李雙澤等人開始寫自己的歌，並且在餐廳駐唱和在校園引起學生的注意。陶曉清當時在中國廣播公司主持西洋流行音樂的節目，很多年輕人都喜歡聽，聽到了年輕人的歌以後，開始邀請他們上節目。

一九七七年楊弦、吳楚楚、韓正皓和胡德夫自己編曲、演奏，合錄了一張《我們的歌》，相當受歡迎，同時也用「中國現代民歌」，讓「民歌」成為很多人討論的詞彙，參與的很多人都是學生，寫歌的時候有著對於時代的使命，抱持著從親情、友情到國家的情懷。

除此之外，還有一些創作者開始找尋中國和台灣傳統民謠，融入樂曲之中。民歌相當受歡迎，也帶動了很多年輕的創作者開始進行創作，像是：包美聖、王夢麟、葉佳修……等，歌曲的創作形式越來越多元，而且聽眾都是以大學生和高中生為主。

本來的歌曲還有種文藝的氣質，後來開始有了青春的氣息，這些歌手透過校園的演唱會讓歌曲在校園中流傳，而且很多大學生都開始帶著一把吉他，在校園的各個角落中練習，讓歌曲在年輕人之間傳誦。

一九七七年金格唱片開辦「金韻獎」，豐厚的獎金鼓勵年輕人創作和演唱，整個社會非常關注，而且唱片市場的銷量也很好。隨著唱片公司的商業行銷，錄製的技術變好，民歌成了流行歌曲，也讓金韻獎每年有幾千人報名，從中也找到相當好的演唱者，像是：王海玲、齊豫、鄭怡、施孝榮等。

除了輕快的歌曲，民歌強調寫自己的歌，台灣的國際情勢也影響著創作者，美國和台灣宣布斷交的一九七九年，李建復寫了〈龍的傳人〉更是傳唱大街小巷，對於中國情懷的認同，表現出當時台灣國際局勢的尷尬。

然而，民歌本來是因為素樸的情懷創造出來的歌曲，後來因為過於商業化，反而讓歌曲變得貧乏和空洞，當時很多的媒體說：「民歌沒落了！」民歌的風潮雖然過去了，但唱片公司越來越能掌握年輕一代的胃口，本土唱片公司也在一九八〇年代成立，像是「滾石」和「飛碟」，開始發展出和民歌不同的樂曲風格，非常有風格的羅大佑和蘇芮在當時也成為市場的新寵兒。

由於民歌時代奠定的基礎，台灣累積了一批聽眾，而且商業行銷的手法也讓市場成熟了起來，一九八〇年代以後的台灣樂壇成為後來華語樂壇的中心，很多歌手的歌不只在台灣流行，也紅遍了中國、馬來西亞、新加坡和所有華人世界，成為共同的記憶。

關鍵詞

陶曉清

台灣資深廣播人，她引領一九七〇年代台灣民歌運動，被譽為「台灣民歌之母」。一九六五年，陶曉清進入中國廣播公司，她主持的第一個節目《熱門音樂》，主要介紹當時的西洋流行音樂，當時台灣正處於戒嚴時期，中國的文革也尚未結束，該節目引進新穎的西方流行歌曲，受到當年青少年所青睞，一時蔚為風潮。一九七五年，楊弦在中山堂辦了「現代民謠創作演唱會」，陶曉清另闢一個「中西民歌」時段，一九七六年在李雙澤的高呼之下，「唱自己的歌」成為風潮，歌謠創作如雨後春筍般湧現。

滾石唱片

滾石唱片是台灣一家大型唱片公司，由段鍾沂、段鍾潭兄弟於一九八一年創辦（最早的名稱為滾石有聲出版社），是台灣戰後首家本土唱片公司，為華人世界最富盛名且跨國經營之獨立音樂品牌，曾出版羅大佑、李宗盛、潘越雲、張艾嘉、齊豫、陳淑樺、黃韻玲、陳昇、周華健等知名藝人經典作品；也陸續舉辦縱貫線、滾石30、回聲等多場大型演唱會，並成立滾石電音新品牌及滾石現場，致力為華語音樂灌注能量持續發聲。

男歌星施孝榮。（圖片來源：聯合報系資料照，1980年10月18日，郭肇舫攝影）

國球的記憶

日本人說的「野球」就是棒球，本來在台日人之間的休閒運動，一九一九年內地延長文藝的推行，將現代的體育教育融入學校教育，讓台灣人也有機會接觸棒球。

日治時代，本來棒球運動都是以日本人為主，一直到一九二〇年代中期成立的「高砂棒球隊」，是一支完全由原住民組成的球隊，由於體能佳，到日本獲得很好的成績，是台灣本土棒球隊的開始。

台灣總督府嘉義農林學校棒球隊成立於一九二八年，由漢人、原住民、日本人組成的嘉農棒球隊，在一九三一年日本全國中等學校優勝野球大會，也就是大家所熟知的「甲子園大賽」獲得亞軍，有「天下嘉農」的稱號，回台時獲得全島的慶賀，也讓棒球成為共同的記憶。

嘉農教練近藤兵太郎曾經說過：「球者，魂也。」「野球魂」在台灣傳承了下來。第二次世界大戰之後，棒球運動仍然在學校當中推行，而且棒球還成為我們外交突破，讓台灣人感覺驕傲的「台灣之光」。

從中國來的國民黨政府，一九六〇年代之後，由於國際逐漸承認中華人民共和國，在政治與外交受挫之際，一九六三年成立的「紅葉少棒隊」，在物資缺乏的狀態下，在「中日少年棒球對抗賽」出賽的時候打敗了日本關西聯隊，取得勝利，傳回國內，全島歡騰。

一九六九年金龍少棒隊首度取得威廉波特世界少棒錦標冠軍，球員們回到台灣之後獲得英雄式的歡迎，蔣介石總統也親自接見。本來只是夏令營的賽事，算不上大型的國際賽事，但由於台灣的處境，他們被賦予了「中華小將」的軍事象徵。

一九七四年立德少棒隊、美和青少棒隊在美國取得世界冠軍，中華青棒隊參與了世界青棒賽並且得到冠軍，完成「三冠王」的創舉，一直到一九九一年共奪得六次三冠王，在國際賽事得到殊榮的時候，也積極培育棒球的人才。

用棒球來獲得國際上的突破，不僅凝聚了國人的感情，也讓棒球有了市場上的價值，繼美國、墨西哥、日本、韓國，台灣在一九九〇年成立了「中華職棒聯盟」，成為第五個發展職業棒球的國家，用企業化的經營方式，將棒球成為一項專業。

除此之外，有很多優秀的選手除了在台灣發展得很好，也踏上了日本和美國職棒之路，一九九九年陳金鋒加入洛杉磯道奇隊，成為台灣首位在大聯盟出賽的選手，開啟了球員旅美的風潮。後來王建民在紐約洋基隊，連兩年單季十九勝，讓台灣走向國際，也讓我們有了「台灣之光」的回憶。

二〇二四年中信兄弟球員周思齊在台北大巨蛋舉辦引退儀式，大巨蛋的啟用也讓所有球迷有了新的場所，周思齊二十年的職棒生涯，球迷陪著他一起哭泣，歡送他退休。棒球陪伴著台灣人一百多年，從日治時代開始，到職棒的開打，中間還經歷過球員參與賭博，在球場上「打假球」的事件，隨著職棒和訓練的體制健全，球迷越來越多，也成為大家共同的回憶。

二〇二四年，世界經典棒球賽金牌戰，台灣與日本隊一決高下，以四：〇獲得世界冠軍，創下球隊有史以來的佳績，全國一起歡呼，更讓棒球在台灣人民心中留下不可磨滅的印象！

關鍵詞

紅葉少棒

紅葉少棒隊是由台東縣延平鄉紅葉村紅葉國小所成立的棒球隊，一九六三年時任校長林珠鵬，因喜好棒球而興起成立棒球隊的想法，並邀請當時的紅葉村幹事古義擔任義務教練，組成紅葉少棒隊。自一九六五年至一九六八年間，紅葉少棒隊征戰台灣各地，逐漸引起國人關注。一九六八年八月二十五日，紅葉少棒隊與甫獲世界冠軍的日本少棒隊進行比賽，以七比〇的懸殊比數擊敗勁敵而震驚棒壇，紅葉少棒隊在台灣棒球史上成為最具傳奇性的少棒先鋒隊伍，掀起台灣對棒球的熱潮。

打假球事件

中華職棒自一九九〇年開打，至二〇〇九年為止的二十年間，共發生五次檢調單位大規模調查涉及簽賭和打假球事件，分別是一九九六年的黑鷹事件、二〇〇五年的黑熊事件、二〇〇七年的黑鯨事件、二〇〇八年的黑米事件與二〇〇九年的黑象事件。棒球運動在台灣有著不可磨滅的歷史情懷，因而有「國球」之稱，每一次發生球員放水的職棒假球案，都重創中華職棒的發展，連帶著其他棒球產業也受到影響，讓台灣棒球發展面臨困境，對許多球員來說更是蒙上一層難以磨滅的陰影。

紅葉少棒勝日本調布隊。（圖片來源：聯合報系資料照，1968年8月25日，本報記者攝影）

華人的巨星回憶：鄧麗君

有人說「有華人的地方，就有鄧麗君」。

一九九五年五月八日，是鄧麗君逝世的日子，距離今年（二〇二五）三十週年了，全球歌迷還是對她念念不忘。在YouTube上鄧麗君的歌曲點閱率仍然相當高，她的歌迷不只來自出生地台灣，還遍布了整個華人世界。

每個時代都有巨星，但能夠在華人世界與日本都走紅的一代巨星，只有鄧麗君。一九五三年出生於雲林縣的鄧麗君，父母都是一九四九年隨著國民政府遷移來的外省族群。

小時候的鄧麗君住過台東和屏東，後來遷到新北市的蘆洲。在小學的時候，鄧麗君已經展現出不少的才藝，參加音樂和演講比賽，還會到部隊中表演，慰勞軍官。

鄧麗君進入金陵女中讀書的時候，開始她的演藝生涯。在電台參加歌唱的訓練，或者在餐廳和飯店擔任駐場的歌手。為了專心在演藝事業，鄧麗君休學從事演唱的工作。十四歲的時候鄧麗君發行了她的第一張專輯，還到電視台演唱，主唱當時知名連續劇《晶晶》的主題曲，讓她成為台灣家喻戶曉的明星。

除了在台灣以外，鄧麗君在香港、日本、新加坡、馬來西亞、泰國都有登台演出。在東南亞的演出，鄧麗君主要都是為了慈善活動而登台，像是颱風的賑災活動，或是幫助身心障礙兒童的募款活動。

快要二十歲的時候，鄧麗君在台灣與東南亞都已經走紅，而且讓日本的星探發現，在二十一歲的時候前往日本發展。由於鄧麗君不會日文，一邊學習日文，也要在歌廳唱歌，相當辛苦。在日本發表的第一張單曲，銷量沒有很好，但第二張專輯《空港》就有七十萬張的好成績。

在事業發展之餘，鄧麗君知道要好好的進修，到了美國加州大學洛杉磯分校學習日文、生物和數學，同時也錄製了膾炙人口名曲〈甜蜜蜜〉和〈小城故事〉。鄧麗君在美國期間也在華僑團體演唱，當時兩岸之間的情形相當緊張，但鄧麗君在中國大陸也有很多的聽眾，中華民國政府利用鄧麗君美麗的歌聲來加以宣傳。

一九七九年台灣與美國斷交後，鄧麗君回台在台灣各地舉辦演唱會，從北到南勞軍，為我們國軍而唱，後來被行政院授予「愛國藝人」的獎章。台灣與中國在一九八〇年代的時候互不往來，但是中國的民眾為了要聽到鄧麗君的歌曲，偷偷的錄製在地下流傳。當時的中國國家主席是鄧小平，大家習慣稱為「老鄧」，而把鄧麗君稱為「小鄧」，民間的諺語甚至會說：「不愛老鄧，只愛小鄧。」

一九八〇年代之後，鄧麗君移居到英國和法國，但仍然非常關心華人世界。中國一九八九年發生「天安門事件」，政府的軍隊血腥鎮壓抗議的學生，鄧麗君出席紀念活動時說：

「我絕不向暴政低頭。」

然而，鄧麗君因為氣喘的問題，在一九九四年與當時的法國男友保羅前往泰國清邁休息度假，但在一九九五年卻因為氣喘病發引發心肌梗塞不治，享年四十二歲。鄧麗君過世之後，全世界的華人和日本的粉絲們都感到不捨，她的成就是世界性的，一九八六年美國的《時代》雜誌評選鄧麗君為世界七大女歌手，二〇一〇年CNN更將她列為五十年來最具影響力的二十位音樂家之一。

關鍵詞

天安門事件

天安門事件是一場發生在一九八九年的大規模的政治改革運動，一九八〇年代後期，同樣是共產世界的蘇聯和東歐，形成民主化浪潮，鼓舞了中國知識分子對於民主的嚮往。一九八九年胡耀邦去世，學生和北京市民初期以「悼胡」為名，在天安門廣場上聚集。此運動最終演變成了全國性的爭取民主自由，結束一黨專政的運動。然而，解放軍在六月四日凌晨展開了對學生和群眾的武力鎮壓，造成重大傷亡，引發全球譴責，此事件被稱為「六四」天安門事件。

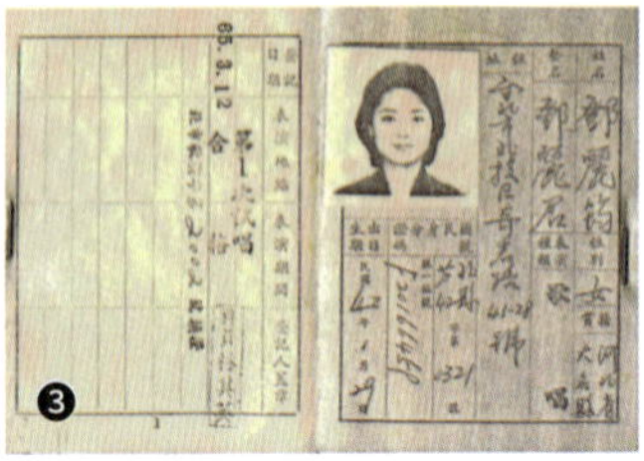

❶、❷ 鄧麗君曾是華人世界的一代巨星。（圖片來源：維基共享資源）

❸ 鄧麗君的歌唱演員證。（圖片來源：維基共享資源）

禁歌的歷史記憶

流行歌琅琅上口，有時會風靡一陣子，現在直接在網路上就可以自由的創作，但曾經有段時間，所有的歌曲創作都要經過國家的審查，如果沒有通過，就會被禁止。

由於日本統治台灣五十年，國民政府一九四五年接收台灣之後，先開始取締親日歌曲，文夏唱的〈媽媽我也真勇健〉，本來是鄧雨賢在一九三九年所做的日本歌〈鄉土部隊の勇士から〉（鄉土部隊之勇士的來信），填上新詞之後發表也遭到禁止。

國民黨政府一九四九年退守到台灣來的時候，不僅在政治上控制，用戒嚴令管控台灣人，在教育系統也進行思想的控制，歌曲也是教育的一環。由於害怕共產和社會主義思想滲透到台灣民間，歌曲中有宣揚社會主義思想的當然會遭到禁止，像是〈義勇軍進行曲〉和〈漁光曲〉。

有些歌曲像是〈收酒矸〉、〈杯底不可飼金魚〉和〈補破網〉在二二八事件之後發表，有關當局覺得歌詞太過負面，而且刻畫出社會的貧困，會讓人覺得國民黨的統治太過失敗，而要求要改歌詞。

當時審查歌曲的部門除了各地方政府，還有警備總司令部，是戒嚴時期的特殊機關，可以沒有正當程序就進行拘捕，他們審查歌曲沒有一定的規則，由於國民黨政府沒有自信，歌曲太過流行會造成轟動，有可能會聚眾集會，所以熱門的歌曲也會遭禁。

由於審查制度的刁難，很多唱片公司上有政策，下有對策，像是謝雷的〈苦酒滿杯〉遭禁，就改成〈酒與人生〉，姚蘇蓉的〈今天不回家〉不行就改成〈今天要回家〉。

政府在當時推行國語政策，在學校講閩南語、客語和母語都會被罰錢，電視和廣播上也都用北京話，其他語言的歌曲很多都遭到禁止。

一九七三年有完整的「出版法」，明定禁歌的標準有十二個：「違反國策」、「為匪宣傳」、「抄襲匪曲」、「詞意頹喪」、「內容荒誕」、「意境晦淫」、「曲調狂盪」、「狠暴仇鬥」、「時代反應錯誤」、「文詞粗鄙」、「幽怨哀傷」和「文理不通意識欠明朗」。

然而，從被禁的歌曲來看，仍然相當荒謬，像是〈熱情的沙漠〉中只因為有一聲「啊」，當局覺得有性暗示就不行。隨著時代來到了八〇年代，新聞局規定歌曲在發行和公開播放前都要送審，不是以前的事後查禁，歌手楊祖珺有一首〈美麗島〉，因為有「台獨」思想而不能播放。

一九八〇年代以後，台灣社會已經較為開放，但是仍然有超過三百場的審查會議，送審的歌曲有六分之一無法送過。新聞局的審查制度在一九九〇年結束，最後幾張送審的專輯，像是〈抓狂歌〉裡面的〈民主阿草〉直接諷刺而被禁播。

最後一張被查禁的是搖滾歌手趙一豪的〈把我自己掏出來〉，原因是有性暗示，最後只好改成〈把我自己收回來〉。歌曲創作本來就是民主社會每個人都有的自由，禁歌的記憶讓我們理解在思想控制的年代裡，政府高壓的控制人民思想的記憶，連創作的自由都受到限制。

關鍵詞

鄧雨賢

鄧雨賢（一九〇六年七月二十一日—一九四四年六月十一日）為日治時期知名的客家譜曲者，代表作有〈大稻埕進行曲〉、「四月望雨」（〈四季紅〉、〈雨夜花〉、〈望春風〉、〈月夜愁〉）等，被譽為「台灣歌謠之父」與「台灣民謠之父」。他出身於「一門三秀才」的漢學世家，曾任公學校教職，而後憑藉著對音樂的嚮往，毅然辭去教職，隻身前往日本潛心研習作曲理論，學成返台後，鄧雨賢參與了台灣流行音樂的黃金八年，運用西方的作曲理論和技巧，以「編」曲手法，將真正的台灣情感融合優美曲調編織成型，做出真正貼近大眾的台灣音樂。

警備總司令部

警備總司令部是中華民國設立的軍事機構，其權責職司戒嚴地區衛戍、保安、後備軍事動員、文化審核檢查、入出境管制、電話通訊監查定位監聽等任務，掌控台灣戰後白色恐怖時期和戒嚴時期人民的命運。從一九四五年台灣省警備總司令部成立，到一九九二年台灣警備總司令部裁撤，台灣廣義的「警總時代」長達四十七年之久，時至今日，警總雖然已消失在民主化的改革浪潮中，但這段歷史對於國家社會的發展依舊有著深遠的影響。

戲台的記憶：歌仔戲

「我身騎白馬過三關，改換素衣啊回中原……」這段琅琅上口的七字調，台灣人幾乎都可以哼得出來，連流行歌手徐佳瑩都將之入詞，讓傳統的歌仔戲與現在的流行音樂相互交織，譜出一段新的記憶。在國民黨政府推行國語運動的時候，講台語的歌仔戲還被視為沒有水準，但後來歌仔戲也到不同的國家表演，讓大家知道「Taiwan Opera」。

歌仔戲是唯一生於台灣、長於台灣的戲曲。歌仔戲的歷史，密切貼合著台灣百年來的文化和歷史。談起歌仔戲大家一定對歌仔戲兩大天王巨星楊麗花、孫翠鳳的名字耳熟能詳，因為她們分別是楊麗花歌仔戲團及明華園歌仔戲的當家小生。

如果說起來台灣歌仔戲的始祖，應該在日治時期宜蘭縣員山庄、結頭份人歌仔助；歌仔助者，以能歌善舞聞名，用山歌佐以谷絃自拉自唱，每句七字，句腳押韻而不相聯，即七字調，後來改編成有劇情的歌詞，再演變成戲曲。歌仔戲的「歌仔」二字，在台語裡有山歌、小曲的意思，是人們在農忙之餘哼唱的歌曲，內容也大多取材自日常生活，後來才開始加入簡單的民間故事。

一開始，「歌仔戲」沒有專門的演員或道具，更不需要搭建專屬的舞台，只要用四根竹竿立在四個角落，就可以在空地即興演出，因而被稱為「落地掃」，目前在歌仔戲的發源地宜蘭地區，仍可見這種「老歌仔戲」的表演。歌仔戲的唱腔，與使用「假嗓」的京劇不同，演員可以用原本的嗓音來演唱，歌詞主要是每首四句、每句七字的「七字仔調」。後來也漸漸融入了其他劇種的特色，像是北管、南管的曲調或是京戲的武打動作。其後歌仔戲發展為有戲台的表演，通常會受邀至酬神時公演，總能吸引大批觀眾前來觀賞。

在日治末期的皇民化運動推行期間，歌仔戲演員也曾被迫穿上和服、說日語演出。戰後的一九五〇年代，則是歌仔戲的黃金時期，當時全台有三百多個戲團，知名劇團和演員更開始錄製唱片、廣播和電影，也和布袋戲一樣走入小螢幕。一九六二年，由廖瓊枝主演、充滿實驗性質的首齣黑白「電視歌仔戲」《雷峰塔》在台視以連續劇形式播出。

其後，台灣歌仔戲國寶級演員楊麗花，更成為家喻戶曉的「男主角」，深入庶民生活、大幅擴大收視族群，同時也帶領電視歌仔戲從黑白走入彩色時代，一九八〇年代，台視、中視、華視三家電視台都擁有自家專屬的歌仔戲團，形成激烈的競爭態勢，可說是台灣電視歌仔戲最蓬勃的時期。也因為歌仔戲極受歡迎，還曾經有觀眾投書媒體，指出小孩受到誘導而想入山學道、學劍，由此可見當時歌仔戲有多麼深入人心。

現在的歌仔戲也逐漸走向精緻化，也像布袋戲一樣經常代表台灣，出國巡迴演出。其中更以享譽國際的明華園戲劇總團最具知名度，他們將傳統歌仔戲融入現代劇場及電影分場的節奏，且巧妙的結合了音樂、戲劇、舞蹈、民俗、美術、聲光等各類藝術，因而提高了表演層次，也讓歌仔戲成為足以登上國家戲劇院的殿堂表演，另外也有其他劇團的第二、三代接班者，將傳統歌仔戲表演與兒童戲劇結合，或是將故事書上的內容轉為歌仔戲演出，讓歌仔戲表演多了許多嶄新元素。

不過，無論是布袋戲或歌仔戲，歷經歲月淘洗，時至今日，仍以不同的形式在各式各樣的舞台發光發熱。也因為許多劇團成員的默默耕耘，精彩的傳統藝術和「戲台看戲」的感動才得以延續，這可是台灣極為珍貴的文化資產呢！

關鍵詞

明華園歌仔戲團

明華園是台灣的歌仔戲劇團，由陳明吉與戲院老闆蔡炳華於一九二九年共同創辦，家族四代人全數投入歌仔戲的編、導、演行列，致力台灣本土戲劇藝術歌仔戲的傳承，為台灣規模最大的歌仔戲劇團。第二代總團長陳勝福將明華園的組織重整，並由首席編導陳勝國為八個子團起名「天、地、玄、黃、日、月、星、辰」。聯合國教科文組織「國際家庭年」推選明華園為台灣「奇特家庭代表」，法國《費加洛報》更給予「中華民國的另一個聲音」的美譽。

❶、❷ 歌仔戲是唯一生於台灣、長於台灣的戲曲。（圖片來源：張桓瑋）

粽子與端午的記憶

每到端午節，台灣人一定會開始戰南北，各自擁護自己家鄉的粽子，有人說：「北部粽是三D油飯；南部粽像鼻涕。」南北粽各有愛好者，「南煮北蒸」是最大的區別。北部粽一般是以桂竹葉的乾葉來包粽子，外觀呈現棕黃，有些斑點，餡料為香菇、蝦米、紅蔥頭和五花肉，會被說成油飯的原因在於粒粒分明。

南部粽則用月桃葉和麻竹葉，外觀呈現綠色，而且有香氣，一般餡料用香菇、魷魚、栗子和蛋黃，由於用蒸的，口感較為黏稠。

其實台灣的粽子不只南北，用葉子來包裹糯米是東南亞很常見的飲食習慣，像是「荷葉飯」或是「荷葉粉蒸肉」都是，台灣的原住民族群還有野薑花粽，在客家的內灣，野薑花粽會加入黑豬肉、香菇和醃漬的蘿蔔乾，用糯米蒸了以後，野薑花的葉香會滲入飯之中。

原住民族群像是排灣、魯凱和卑南也有吃類似粽子的食物，叫做「阿拜」（Abay），用糯米、小米和芋頭粉混和，內餡則包花生和豬肉，用月桃葉包裹，再用繩子綁呈長條狀，用滾水煮熟。由於用可以吃的「假酸漿葉」，讓吃了阿拜不會脹氣。

台灣在二次世界大戰之後增加了相當多的外省族群，也將中國各地的粽子帶來，五花八門，各種味道也不同、有甜有鹹，端午節之前，台北的南門市場有很多粽子的老店，像是湖州粽為長條狀、入口即化。

至於吃粽子的由來，每年在台灣的端午節都有划龍舟的習俗，相傳是春秋楚國的詩人屈原投江自殺，因為他愛國卻又悲憤而死，楚國人懷念他，擔心肉身被魚啃食，以竹筒貯米投水祭之，並且划舟擊鼓嚇跑魚群。然而，這樣的說法最早在南北朝時代，離屈原的時代已經快要千年。

但竹筒飯和現在的粽子顯然不是同一種東西，而且記錄當中也沒有提到龍舟，聞一多先生曾經對端午做過考證，他認為「龍舟競渡」和「吃粽子」的習俗都和「龍」有關，可以追溯到春秋戰國的吳、越兩個國家，兩者都崇拜龍，而「競渡」的活動在越王勾踐的史料中也可以見到。

由於農曆五月是節氣轉換的時候，開始有瘴癘和毒蟲的出現，端午有很多風俗在於消災去毒，防止疾病的產生，南方楚地的風俗採艾草，或者用菖蒲酒來防止疫病，從《荊楚歲時記》中就可以看到南方有「是日競渡採雜藥」。

為了要防止疫病，除了祭祀以外，也有相關食品，南方用粽葉或是荷葉包裹糯米的飲食方式是符合當地原來的生活方式，很多文獻也都記載南方以菰葉包裹黏米煮熟之後叫做「角黍」，也開始有粽子的稱呼。

端午節是從中國移來的習俗，但用以訛傳訛的方式成為了我們記憶的一部分，其實端午節不只吃粽子，我是鹿港人，端午節不只有肉粽，還有要吃煎堆。麵粉加糖，還加了糯米粉、韭菜、豆芽菜和蔥，看似蔥油餅，吃起來像煎餅。

鹿港人要「祭天」，因為梅雨季，端午節通常是出梅的時候，以前吃這個有補天的意思，希望不要再下雨。習俗通常伴隨著我們的生活經驗，對於大部分的台灣人而言，屈原會成為我們記憶當中的人，主要是以前國民黨教育中強調愛國教育，為國而死，然後將殘缺的歷史紀錄，成為我們的記憶。對於台灣人而言，粽子戰南北，才是呈現南北台灣人不同的生活經驗。

❶ 北部粽。

❷ 南部粽。

❸ 湖州粽。（圖片來源：Photo AC）

春節的記憶

常常有人說現在年味少了，究竟大家對於年節的記憶是什麼，為什麼越來越淡薄？

春節對於華人社會來說是一年之中最重要的節日，闔家團圓、除舊布新，以前稱為「年」、「元旦」，或是「正月初一」。民國初年開始用西元的曆法，才開始有「春節」的說法。春節本來指的是古代的立春，因為以前二十四節氣的立春，在農曆年附近，後來一九一四年擔任中華民國大總統的袁世凱，訂下了：「定農曆元旦為春節、端午為夏節、中秋為秋節、冬至為冬節。」

至此之後西元的一月一日被稱為「元旦」，「新年」農曆的正月初一就叫「春節」。本來的「元旦」是一年之首，後來因為有西曆和農曆的差別，才產生了差異。

對於台灣人來說，本來在清國統治期間過的是農曆的「元旦」，但日本自明治維新之後，開始採用西洋的紀年，日治時期一開始日本人沒有採取高壓的手段，仍然允許台灣人過舊曆年。在台灣過新曆年的主要是日本人，日本人在過年的時候喝得爛醉，但很少台灣人參加。

台灣人在舊曆年做什麼呢？出門去遊玩的人不少，也有很多人到廟裡進香拜拜，或是看戲，還有過年台灣人一定會做的：賭博。從報紙新聞上來看，每年舊曆年的時候，警察都會出動抓賭博，報紙上也嚴加批判。

日治時代中期以後，日本人開始採取同化的政策，台灣中上階級、知識分子開始過起新曆年，過日本人會過的「忘年會」，但當時他們仍然沒有忘記舊曆年，一次過起兩個年，新年以日本人的習慣為主，舊曆年仍然貼春聯、喝春酒、圍爐。

當中華民國政府來到台灣的時候，也面臨到了新、舊曆年的習俗，但由於當時是二次世界大戰之後，民生經濟狀況不好，再加上一九四九年國民黨政府撤遷到台灣，政府推行「簡化拜年辦法」，宣導節約，簡化人力和物力。政府提倡陽曆，但陰曆則是傳統習俗，如果要拜兩次年，會造成浪費和虛禮。

一直到一九七〇年代，政府還是提倡所謂的「簡化拜年」，一直提倡顯然民間拜年的風氣還是相當盛行，尤其隨著經濟情況好轉，過年送禮越來越豪奢，洋酒、茶葉、烏魚子相互贈送。但在一九七〇年代，政府提倡大家趁著過年的時間不要相互拜年，節省時間與家人團聚，可以避免聚眾賭博，出外遊歷，鍛鍊體格並且拓展見識。

經過政府的提倡，一九八〇年代以後，從報紙的報導可以看到當時台灣人過年不再每天沉迷於「吃、喝、玩、樂與賭博上，大家都利用幾天難得的假期做些有意義的戶外活動。」

到九〇年代之後，民間已經逐漸減少繁文縟節，過年拜年盡量減少，政府的呼籲也減少，只有對於過年送禮較為重視，以防止官場收賄。本來過年最重視的圍爐，在除夕夜全家團圓的儀式，要準備整個家族吃喝的料理，不管在選購、烹煮食材的過程都相當耗費心力，以往準備年夜飯是婦女的工作，但當婦女就業的人口增加，在九〇年代以後，業者嗅到社會風氣的改變，開始鼓勵大家到飯店圍爐，或者外帶加熱年菜。

年味漸漸淡了，我們過年的記憶因為國民黨政府提倡減少拜年、送禮的繁文縟節，再加上社會、經濟環境的變化，逐漸的成為過年出遊，不僅在國內，甚至出國旅遊，每逢過年，機場滿滿的都是人。傳統的儀式會變，但家人彼此相聚、團圓的記憶則留在每個人心中。

貼春聯是國人新年的共同回憶。（圖片來源：達志影像）

英雄、瘟疫與保衛鄉土的回憶：王爺信仰

王爺信仰在台灣中南部相當多，一般都認為媽祖是海神，但其實在台灣沿海的鄉鎮，王爺信仰更為普遍。王爺也稱元帥、千歲、國王／將軍。

王爺的傳說有好幾種，但目前最為普遍的說法是說有三十六位進士，因為知道某個村落的水井有毒，為了要阻止村民喝水，紛紛投井以阻止百姓。為了要紀念他們，所以立廟祭祀。但在傳統的觀念裡，非正常死亡的死後會成為厲鬼，會造成瘟疫。但王爺又救人，所以可以除瘟，善惡同源，只要好好祭祀，就不會造成危害，而且還會保佑信眾。

後來還演變出來的傳說是王爺奉神的「玉旨」巡狩各地，要懲奸除惡，帶著上天的指令到各地，當然要好好款待王爺。很多台灣的村廟或是大廟，除了有主祀或是副祀王爺，每隔三年或是五年，會從天庭派來巡狩人間的王爺。民眾會在海邊請王，然後遶境，並且祭祀，之後還會大張旗鼓的造王船，將王爺送走。

王爺的形象有瘟神，也有厲鬼，人們對祂有敬畏，又害怕，民間常有祂抓到不肖分子的傳說。王爺的脾氣感覺不好，所以有時會跟慈悲的媽祖一起出現，以免王爺不高興。

王爺廟的起源，有些來自原來某一家一姓的信仰，或從原鄉分靈而來。有些則是在海邊或是溪邊撿拾到的王爺，開始祭祀後，逐漸變成有規模的廟宇，像是南鯤鯓代天府就是一六四四年王船漂流到南鯤鯓的沙汕。台南安定蘇厝長興宮的十二瘟王則是一六七九年漂來的王船，有著「玉敕代天巡狩十二行瘟王」的字樣。

王船就是王爺坐的船，由於王爺是瘟神，帶瘟疫來，早期恭請王爺離開的時候，大多是將王船推出海，在大海裡飄盪，稱作「遊地河」，但如果王船離開後到了其他地方，也會造成別人的困擾，讓瘟疫傳到別的地方。後來才改將王船在岸邊焚化，讓王爺「遊天河」。

每一艘王船的製造都不容易，先要找到船的骨幹，要到山裡面去找到很好的木頭，把它削到合適的樣子，接著安神。有了龍骨，就決定了船的長度，請木工製作、彩繪，接著要安梁頭、安坎巾、安龍目，然後是豎帷、紺椽、浸水、出澳、添儎。添儎就是王爺出港之後所有要吃喝的東西，罐頭、青菜、水、米等等物資，都要上船。

接下來，請王爺入醮以便筵王，要送走王爺、瘟神，要用山珍海味來讓祂吃個高興，高興了才肯走，不高興的話，王船就在海岸邊洄流不走。迎王遶境，亦即要把王爺請走之前，還要讓祂在整個鄉裡面遶境，請祂把所有小瘟疫全部一起帶走。然後，舉行祭船儀式。

在全台眾多王爺信仰中，屏東東港東隆宮的祭典相當盛大，每逢丑、辰、未、戌年之十月，都會舉辦迎王平安祭典，王船製作複雜盛大，甚至被譽為「王船的故鄉」。很多地方的王爺是捍衛鄉土，保境衛民，由以往過世的英靈成為王爺，也可以說是台灣人心理上的寄託，對於家鄉的回憶。

❶ 東港東隆宮廟貌。（圖片來源：東隆宮）

❷ 東港東隆宮迎王平安祭典燒王船。（圖片來源：東隆宮）

好兄弟的記憶

每到農曆七月，民間傳說鬼門開啟，在陰間的孤魂野鬼來到人間，家中長輩準備中元節的供品，很多公司行號，或是政府機關也會舉行普渡，祭祀「好兄弟」。

農曆七月十五日在不同宗教有不同的含義，佛教舉辦「盂蘭盆會」，源自「目蓮救母」，目蓮拯救母親脫離餓鬼道的傳說。信仰祖先的漢人也會祭祀祖先。

按照傳統農曆，正月十五日為「上元」，七月十五日為「中元」，十月十五日為「下元」。道教將自然界分成三界：天、地、水，每一界都有主管的神，並有相關的職責，中元的就是地官大帝，在道教則相傳為地官大帝（舜帝）的誕辰日。在神話中，舜帝孝感動天，為了紀念他的孝行，還有美德，在這一天會準備豐盛的酒肉祭拜舜帝和祖先。

由於地官大帝持有人鬼錄簿，中元節也是檢驗善惡赦罪日，所以地官大帝也是「中元赦罪地官清虛大帝」，判定人間善惡的日子。當天，道士日夜誦經，餓鬼得以解脫，祭祀地官並且超渡亡靈。

台灣的中元節普渡可以分為公普和私普，公普即在寺廟中由道士或是僧侶主持，私普則是民間同業、同街或是以家庭為單位進行普渡，提供豐富的祭品以供孤魂野鬼享用。從七月一日鬼門開，民間陰廟會開啟納骨塔或神龕柵門，釋放孤魂野鬼，在門口擺設牲禮，焚燒經衣、銀紙，犒迎老大公、好兄弟回到人間，並且在路口、屋簷下安置「老大公燈」為其照明。

在公普的前一天需要「豎燈篙」，招引路上的孤魂野鬼，夜晚則「放水燈」，引領水鬼上岸接受奉祀，到月底「送孤」、「關鬼門」之後再舉行「搶孤」，用來嚇走孤魂野鬼，驅逐出境，以免有鬼賴著不走，鬼月的祭典才算圓滿。

台灣民間稱「老大公」或是「好兄弟」，含有敬畏的意涵，也帶著一點憐憫和恐懼的心情。從北到南，因為各地的社會風俗不同，發展出很多具有特色的普渡習俗，像是雞籠中元祭、新埔褒忠義民祭、虎尾中元祭、民雄大士爺祭、恆春、頭城搶孤等祭典，其中又以雞籠中元祭最為盛大。

一開始因為清代咸豐年間漳、泉械鬥，在土地和水源的問題上產生爭執，大規模的械鬥造成死傷，後來經過地方大老的協調，集中埋葬死者，建造老大公墓撫慰亡靈。地方人士議定七月十五日舉行中元普渡，共同超渡因為械鬥、瘟疫、海難、戰亂等事件而犧牲的亡靈。由十一個姓氏輪流舉辦普渡，當年輪值的是「主普」，其他參與的則是「贊普」。

七月十四日的迎水燈是「雞籠中元祭」的高潮，晚上七點開始，各姓氏的陣頭遊行遶境，十二點交子時在八斗子望海巷海邊進行放水燈的儀式。七月十五日舉辦普渡的法會，先由道士清淨供品，晚上七點開始普渡法會。普渡結束後，還會在普壇前「跳鍾馗」，驅逐不肯離去的「賴皮鬼」，到此整個祭典活動才算圓滿。

中元祭的活動象徵著族群衝突的記憶，還有相互妥協，並且憐憫無依無靠的亡靈，還有凝聚在地感情的多重意義。每個地方的中元祭都有其特殊性，都有獨特地方的意義。

關鍵詞

搶孤

搶孤為閩南民系及越南一種廟會活動，台灣的宜蘭頭城及屏東恆春、中國大陸閩南、潮汕及香港潮州人在中元普渡或醮會等祭祀活動後，會將祭祀的供品提供民眾搶奪，稱為「搶孤」。一種說法是為了娛樂眾家先靈，扮演搶食的餓鬼，另一種說法是搶奪祭品，以嚇退流連忘返的亡魂；同時亦有賑濟貧苦流民的功能。台灣最負盛名的「搶孤」是東北角宜蘭頭城與西南隅屏東恆春的搶孤活動。

2022壬寅雞籠中元祭開燈放彩活動。（圖片來源：總統府）

8＋9的記憶：陣頭文化與八家將

在台灣生活中常見的廟會活動，陣頭文化是很重要的一部分，穿著五彩繽紛的藝陣，八家將是其中表演活動的一環，也是公廟文化中的集體記憶。鮮豔的造型，搭配各種械具法器，跳著神祕的舞步，在街頭和廟會中展現了令人深刻的印象。

「八家將」在陣頭活動中有安宅鎮煞、祈福改運、出巡保境的民俗功能，所以在廟會或是神明生日的慶典中，是很常見的活動。然而，近年來有人戲稱「八家將」為「8＋9」。新聞媒體當中經常將年輕人吵架鬧事的事情和跳八家將的少年聯繫在一起。

家將是神明部將的統稱，大家比較熟悉「八家將」，還有另一類型稱為「十家將」，廟會的陣頭有所謂的神童陣、神將團、轎班或是舞龍舞獅，這是以人的身分去執行，但在扮演「將團」的時候，會轉化成神職，既然要扮演，就要有神的樣子。

關於「八家將」的起源，按照學者的考證歸納，有人認為是清末「五靈宮」的部將為台南軍營除瘟，也有說是由城隍所收服的山賊，許多學者同意「八家將」與「五福大帝」有密切的關係。台灣最早的「八家將」，是由台南的「白龍庵」所發展出來，主神是福州官兵所迎來的「五靈公」，後來信仰逐漸往南傳到高雄、屏東，再往北傳，城隍廟、王爺廟、地藏王廟、嶽帝爺廟等等，都有「八家將」團。

「八家將」的「主角」是八家，但實際表演的時候有四人或六人成陣，八人、十人、十二人或十三人成陣。所謂「八家將」的基本成員是指甘、柳、范、謝四爺合稱「四將」；春、夏、秋、冬四神併稱「四季神」，再加上其他的角色，組織完整的為十三人陣。

甘爺是「甘將軍」（甘鵬飛），在陣左，手拿扇，臉畫成「紅黑陰陽目」；柳爺是「柳將軍」（柳鈺），在陣右，手裡的法器與甘爺相同，方向相反，有對稱的意涵，臉畫成「章魚足形目」，甘爺和柳爺象徵刑罰的執行者。

謝爺是「捉神」的謝必安，也就是我們常說的七爺和白無常，頭上戴著長帽，寫「一見大吉」，吐著長舌，穿著白袍，右手持魚枷；范爺是「拿神」的范無救，就是我們常說的八爺或黑無常，戴著圓帽，畫著「黑底潑猴面」，穿著黑色或藍色衣服，左手的方牌上寫著「善惡分明」。

八將除了上面四神，春夏秋冬四神稱「四季神」或「四大帝君」，與四將一起稱為「八將」。

家將在傳統藝陣中重要的成分還在於其藝術性，從他們的穿著來看，頭盔、衣服、鞋子都是匠師的作品，家將臉上的臉譜，每個都有特色，在彩繪上的藝術性相當高，面師必須熟悉已經定型化，還有符號化的臉，然後再呈現個人的創意。

對於台灣南部的人而言，廟會活動的臉譜、陣法、服裝和相關的配件，都是藝陣的精髓，也是生活的記憶。對於「八家將」的成員來說，只要一畫上臉譜，就必須知道自己是家將，已經是神，不能做凡人的行為。之前還要淨身潔淨三天，家將不只是藝術，而是儀式性的行為，是宗教活動，牽涉到心理與社會的連結，也是我們彼此的記憶。

畫上臉譜的家將。（圖片來源：維基共享資源）

關鍵詞

五福大帝

又稱五靈公，本為掌管瘟疫之瘟神，後被奉為民間的逐疫之神，也被福州人奉為鄉土守護神。除了瘟神（王爺神）的性格，亦有類似於如福州話俗諺「五帝搦（福州話發音與「捏」相近，此處為「捉拿」之意）你去」，即詛咒人死亡，因此五福大帝經常配祀冥判、陰陽都總管、范謝將軍、甘柳將軍等神祇。其中神將部分常由真人扮演，於主神出巡時負責護衛，稱為「家將」，台灣首創家將團體的台南白龍庵如意增壽堂與西來庵吉聖堂都稱什家將，此陣頭傳至嘉義地區後則多稱為八家將。

七爺八爺

因排行為第七與第八，故得此稱。此二尊神屬於黑白無常的一種，手執腳鐐手銬，專職緝拿鬼魂、協助賞善罰惡，也常為城隍爺等具有司法神職能之神祇的部將。在家將傳統中，舊有傳統中往往排在甘、柳、春、夏、秋、冬等六位家將之後，是為押陣之神，故台灣人尊之曰七爺、八爺（今日多改為排在甘、柳之後，春、夏、秋、冬之前）。或有說法認為：謝范將軍作為城隍爺此類司法神之部屬，城隍帳下已有文武判官、牛馬將軍、枷鎖將軍等從神，因此接續排行於上述六位即成為七爺、八爺。

台灣人的慈濟記憶

二〇二四年的四〇三強震，芮氏規模七．二的大地震，如此大的強震，罹難加失蹤的人數僅二十餘人，災損有限。災後慈濟功德會的救災神速，還搭配智慧裝置，很多外國媒體也都關注。

對於台灣人來說，只要一有災難，慈濟一定馬上出動，而且不管在國內國外，都看得到慈濟人的身影。

「財團法人中華民國佛教慈濟慈善事業基金會」一九六六年由證嚴法師創辦於花蓮縣，從台灣出發，但面向世界，三十多年來在台灣致力於社會服務、醫療建設、教育建設、社會文化等志業。慈濟的志業包括：慈善、醫療、教育、人文四項，統稱為「四大志業」；另投入骨髓捐贈、環境保護、社區志工、國際賑災，此八項同時推動，稱之為「一步八腳印」。

慈濟成立初期，剛好遇到台灣經濟逐漸起飛的時候，再加上台灣社會的集會結社愈加自由。慈濟的壯大和證嚴法師本人的魅力有很大關係，證嚴當初選擇在花蓮創會，主要是因為花東地方的醫療資源缺乏，從「濟貧救病」的出世角度，希望對社會有所貢獻。從東部的救濟工作開始，實踐佛陀的教誨。

從一九六六到一九七八年慈濟草創的時期，主要以「濟貧」為主，發放救助金和物資給有困難的家庭，一九七二年開始結合醫師義診。一九七九年證嚴法師宣布籌建慈濟醫院，十年之後醫院開始運作。

醫院開始運作之後，慈濟也開展各種其他的工作，一九九〇年成立「總管理中心」，制度化的管理與決策整個大型的組織。一九九九年更名為「志業中心」，具體的展現在「四大志業」，其下的不同事業單位，像醫院、學校、大愛電視台……等，雖然都屬於獨立的事業機構，但仍由「志業中心」來整合。

除此之外，能讓慈濟有大量能量的還在於志工組織，大量的次級團體在不同的組織當中滲透影響力，像是：教師聯誼會、慈濟大專青年聯誼會、榮譽董事聯誼會、慈濟精神之友會、慈濟人醫會、懿德母姊會……還有各種特殊功能的慈濟人所組成的組織，分布在台灣各階層和各個角落。

慈濟的壯大和台灣社會的經濟發展有密切關係，而且慈濟從東部開始，台灣社會長期東、西城鄉發展不平衡，證嚴上人讓每個人都可以用小善來成就大功德，讓每個人可以做功德，慈濟從小小的團體，變成龐大的跨國宗教組織。慈濟給所有信眾的體驗式感動，還有到各個災區的實際服務，讓每個人除了付出，還可以獲得生命的感動，形成善的循環。

從創立之初的二十人，擴增到現在的百萬人，慈濟由花蓮開始，拓展至全台及海外的五大洲三十八國，可以說是全球最為龐大的非營利組織之一，看得出台灣民間社會的活力。而且在災難時，慈濟人的身影總是在災區穿梭，也成為我們的集體記憶。

❶ 證嚴法師。
（圖片來源：維基共享資源）
❷ 慈濟基金會建立的靜思堂。

颱風的歷史記憶

台灣的每個人一定都有颱風的記憶，或是「颱風假」的記憶。對我印象最深刻的颱風記憶是韋恩颱風，傷害最大，也最奇特，就是我們現在所說的「怪颱」，先穿過整個台灣，然後又回來，直接從濁水溪口登陸，那個時候我就住在濁水溪旁邊。

我在鹿港度過童年，當時祖父在鹿港養鰻魚，外銷日本。但養鰻魚不會在鹿港市內，而是南邊靠近濁水溪口的芳苑，韋恩颱風的颱風眼從濁水溪口進入，整個彰化沿海地區都淹水，停水停電，屋頂都掀掉了，那時我六歲，祖母帶著我走過淹水的台十七線到附近的親戚家。

所有的電線桿都倒了，當時沒有通訊，父母親也聯絡不到我，台十七線旁都是魚塭，淹水走在那裡很容易掉進去，現在還可以想起那樣驚險的畫面。

「颱風」的稱呼怎麼來的？

從學者的研究中發現，從廣東話的「大風」或閩南語「風篩」演變而來，但朱瑪瓏的研究指出，「颱風」一詞源自阿拉伯語，經東南亞華僑音譯成中文。中國文獻最早的「颱」字出現在明天啟六年（一六二五）。

「颱風」一詞比十九世紀才出現的typhoon早了很多，學者推測可能源自於阿拉伯語或阿拉伯語與波斯語混合的印度司坦語tufan。明代因海上貿易盛行，在東南亞的華人海商，根據tufan創造的「颱」字，在十七世紀初進入中國的漢字。

清統治台灣的時候，當時颱風知識由沿海的漁民記錄，稱之為「颶風」，現代的氣象知識是由西方傳入，清末開始在台灣設置海關，由打狗港海關的一位醫師擔任觀察氣象的工作。日本人統治台灣的時候，開始有現代氣象機構的設置，在台北、台中、台南、恆春和澎湖設立測候所，並且在實際的國民教育中加入現代氣象的科學知識，成為普及在民間的知識。

一九四八年國民政府來台灣之後，整理日治時代《五十年颱風侵襲台灣之統計》，由日治時期留下來的統計資料整理而成，從一八九七年到一九四六年為止，發生在西太平洋上的颱風共九百七十九次，其中以每一年的九月（共一百九十四次）最多，八月次之（共一百九十三次），一、二、三月最少（各六次），可以看到颱風果然是台灣人的共同生活經驗。

對於現在的台灣人來說，颱風伴隨而來的「颱風假」也是我們記憶的一部分，究竟什麼時候才開始有呢？一九七二年之前還沒有統一的放假標準，後來行政院人事行政局統一規定，研擬了「颱風過境時各機關是否停止辦公作業要點」，由政府機關以規定實施了「颱風假」，由於各地每個颱風侵襲的狀況不同，所以交由各地方政府自行決定。

「颱風假」是透過放假減低人員和財產的損失，但每隔幾年我們都可以聽到所謂的「地表最強」、「史無前例」的颱風釀成災害，目前最嚴重的是一九四九年艾倫颱風所造成的八七水災，損失高達當年國民總所得的十分之一，可見其嚴重性。

隨著水利技術，還有颱風預報能力的提升，颱風所造成的災害也沒有八七水災如此的嚴重，但每隔幾年就會遭遇到上百年一遇的豪雨，所以政府也積極的提升水利建設，讓颱風雖然成為我們的記憶，但不會成為家破人亡的慘痛記憶。

2015年，西太平洋上的三個熱帶氣旋。（圖片來源：威斯康辛大學麥迪孫分校）

大型傳染病的記憶：武漢肺炎，還是新冠肺炎？

對於我們這代的人來說，武漢病毒無庸置疑的造成我們的生活產生很大的影響，也給我留下很深刻的記憶。二〇一九年底和二〇二〇年初，當人們準備迎接新年的時候，台灣的總統大選進入最後時刻，我帶著家人在農曆新年的時候出國。

一回國就聽到疫情開始肆虐，台灣封鎖國境，以防病毒傳入，幾個月的期間，病毒席捲全世界二百多個國家，超過二百萬人死亡，成為人類數十年來最嚴重的公共健康危機。

台灣由於疾病管制署的高度敏感性，封鎖國境，並且採用全面篩檢清零的方式，在疫情初期得到很好的控制。我還記得二〇二一年四月的時候，我看著電視新聞上全球因為疫情，醫療系統崩壞，死亡人數大增，台北市的地標圓山大飯店利用客房的燈光，外牆遠遠看就是ZERO，清零，全台彷彿是世界的一塊淨土。

第一波疫情的高峰是在二〇二一年的五月十九日，政府宣布三級警戒狀態，延續到七月二十六日，後來維持穩定，第二次的升溫則是在二〇二二年四月，Omicron 變異株成為台灣主流株，歐美國家大多在二〇二〇年疫情初就面臨大量感染，台灣直到二〇二二年才出現疫情高峰，後來政府有足夠的疫苗時，才採取與病毒共存的政策。

病毒為全世界人類帶來巨大且深刻的影響，一開始出現就引發相當多的討論。病毒的起源是否是中國發展的生化武器，而且該用什麼名稱來稱呼病毒就吵得不可開交，政府的官方說法是「武漢肺炎」，從武漢來的肺炎，有些人覺得指涉性太強，採用「新型冠狀病毒肺炎」的簡稱：「新冠肺炎」。美國總統川普在競選期間更用「中國病毒／中國肺炎」的說法，指涉性相當強。

疫情高峰而來的強制措施、停班停課、隔離等非常狀態的發生，徹底改變了我們個人與集體的生命樣貌，從政治、經濟、社會、法律、文化、教育、日常生活，還有我們的人際互動，沒有一件事不被影響。

疫情後期時，大家打了疫苗，逐漸恢復活動，當時中央流行疫情指揮中心的發言人羅一鈞表示：「近一週每日的死亡個案約有百分之二十六以上來自長照機構；目前國內已有一千零一十八家住宿型機構出現疫情，當中有一萬零七百二十四位住民長者，四千零二十位工作人員染疫，染疫人數已突破一萬四千人。」

我也是住宿型機構的經營者，除了有一個基金會，還有四個機構，收容將近兩百個喜憨兒，一百三十多個全職員工。其中有些人是無法戴口罩的。

我們有一個機構是重度的憨兒，他們的「正常」社交能力和智能極低，平常都生活在園區裡，有些憨兒無法讓他理解戴口罩的重要性。之前三級警戒的時候，我們非常擔心。但好險隔離做得好，也沒有人確診。

在這波疫情期間，這個機構的住民和工作人員確診率將近九成，但幾乎沒有症狀，或是輕症。我們這個機構的主任已經在工作單位住了將近一個月沒有回家。

第一線的醫護人員是戰士，我們長照和住宿型機構的工作人員就是第二線的社會網絡，幫助老弱婦孺。

疫情透過政府和民眾的所有努力，還有不同崗位上的人一起，我們走出了疫情，也成為了共同的記憶。

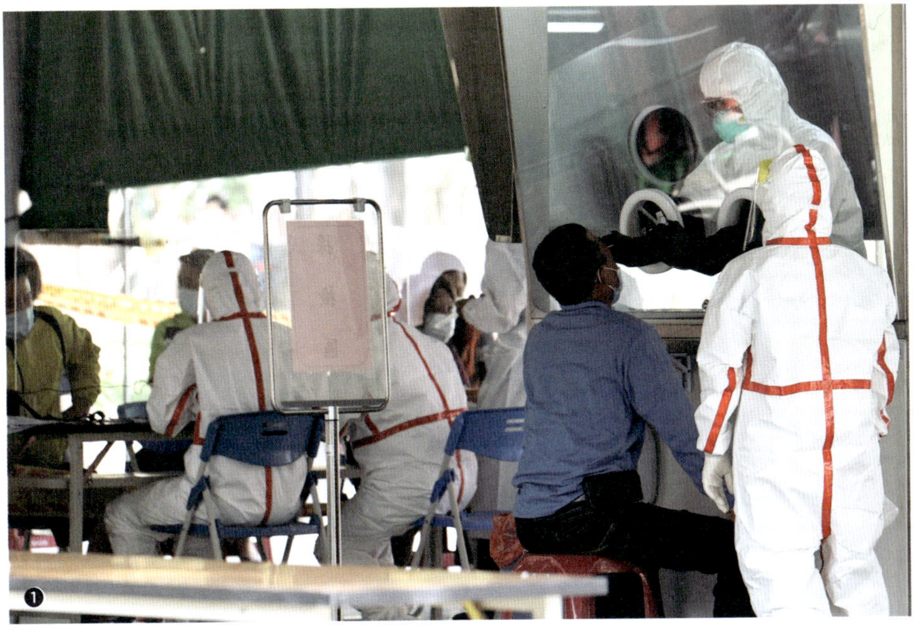

❶ 屏東縣潮州中山公園的社區篩檢站。
（圖片來源：《聯合報》，2022年2月10日，記者劉學聖攝影）
❷ 疫情期間，為祝賀台灣零確診，圓山飯店點燈「ZERO」字樣。（圖片來源：林暘竣）

輯三

空間與紀念館的台灣記憶

從柑仔店到便利商店的記憶

還記得小時候都會到「柑仔店」買餅乾和糖果，應有盡有，從零食、文具到各式各樣的玩具，老闆的名字叫老潘，從小看我長大，隨著我慢慢長大，到了台北，當時第一代的便利超商陸陸續續地開設，小學下課的時候還會去買思樂冰，但我還記得當時便利商店沒有那麼多的功能，尚未如此「便利」。

一九七九年統一企業開始了「統一超級商店股份有限公司」，引進7-11便利商店的經營，主要設在商業區和大馬路旁，後來加入了二十四小時的營業服務。台灣現在有超過一萬三千家的便利超商，在全球僅次於南韓，便利商店的服務應有盡有，而且一直推陳出新。

從城市到鄉村，幾乎每個人每天都至少會去一次便利商店，在小小的一間店裡面，提供科技公司、物流業、餐廳……的服務，連台灣Google公布二〇二一年「台灣年度最多人瀏覽的Google街景地點」的第一名，也是便利超商。

7-11到二〇二二年的十二月底為止，在台灣有超過六千六百家，相較於7-11，一九八八年全家便利商店在台北站前商圈開幕，目前有超過四千一百家的門市，後來光泉集團在大稻埕創立了萊爾富，到目前為止也有超過一千五百家的門市。

便利商店是提供顧客生活所需，並且解決生活的問題，台灣的便利商店獨步全球，為了迎合消費者的需求，不斷的進化，從水電費、停車費、學費、信用卡帳單，還可以代收包裹，後來還加入提款機、影印機，即使不買東西，也可以享受便利商店的服務。

台灣的便利商店從進門的微笑，還有一聲親切的：「歡迎光臨！」都是讓民眾二十四小時最為安心且明亮的所在，代收和寄送民眾網購的貨物，有時還會教大齡長者使用App，鄰里居民也經常在便利商店聊天。

一天從早餐、中餐、晚餐到消夜，便利商店都有提供，除此之外，各種飲料，從咖啡、奶茶到冰品，一應俱全，每個便利商店的員工十八般武藝樣樣精通。《您好！歡迎光臨別家門市》作者茉莉，將超商店員稱為「地表最強雜工」，相當傳神地比喻超商店員的工作。

由於市場相當競爭，而且超商的密集度相當高，不同業者為了爭取消費者，就和不同的業者採取複合和聯名的方式，讓商品產生差異化，出奇制勝，讓便利商店超越便利商店，想到的東西有賣，沒想到的東西也有賣，同樣屬於統一旗下的博客來網路書店、Semeur聖娜麵包、Mister Donut、Cold Stone冰淇淋店相互整合，讓便利商店什麼都賣、什麼都不奇怪。

便利商店往上升級就是超級市場，所以全家在超級市場和便利商店之間看到了商機，推出「FamiSuper選品超市店」，提空了五百種以上的調理冷凍品和生鮮食材，甚至連各國的葡萄酒都有，讓便利商店也可以成為買菜的好厝邊。

為了搭上ＥＳＧ和綠能的風潮，現在便利商店還將綠電和省電融入門市的設計，並且幫助偏鄉的用電，讓便利商店不只在街角亮起光明，還加入永續的概念，為台灣和全世界的環境盡一份心力。

便利商店是台灣人對於「便利」的想像，並且落實到現實之中，成為我們每個人的回憶，也成為這座島嶼到處可見的風景。

❶、❷、❸ 早期的柑仔店商品陳列樸素，但物品種類非常豐富。

市場的記憶：嘉義東市場

記得小時候父親很喜歡逛傳統市場，生鮮魚貨一應俱全，市場當中充滿著各種味道，生食和熟食的氣味都有，本來小時候還很排拒去傳統市場，地上都濕濕黏黏的，喜歡去清潔的「超級市場」。

父親是鹿港人，帶我去公有市場，後來住在中壢，也去過在地人稱為「大時鐘」的公有市場。長大以後，我的好幾個女朋友都住嘉義，她們都跟我說市場裡的東西最好吃，一進東市場的時候，看到日治時期留下的木構建築，上面還有天窗作為透氣的功用。

市場當中的每樣美食都令人食指大動，而且很多老店，有些從日治時期就傳下來，有些是戰後初期至今七、八十年的老店，都傳承好幾代，依然在市場中守著古早味。

日治時期的市場建築有「消費市場」（零售市場）、「卸市場」（批發市場）、「正米市場」（米市場）、漁市場、屠宰市場。明治三十三年（一九〇〇），民政長官後藤新平訂立了公有市場的方針，接著在明治三十七年規定各地方市場和屠宰場為「公共營造物」，由各地街庄或廳長管理。

由於日本人覺得台灣的衛生條件相當差，經常產生大規模的傳染疾病，市場的管理十分注重衛生條件，規定所有攤商都要保持清潔，而且有傳染病的人不能進入市場。

明治三十三年，各縣的知事廳長依民政長官的命令，停止個人的市場經營，在西門外街上建造小屋，成立「嘉義衛生組合」，這就是嘉義東市場的前身，但衛生條件仍然十分糟糕。後來明治三十九年的大地震，舊市場倒塌，讓政府決定建設新市場，在明治四十年完工兩座市場，就是現在的東市場和西市場。

國民政府來台之後，東市場由於火災和地震，很多地方不是燒毀就是損壞，後來建立新的賣場，經過嚴重的火災之後，東市場僅存四處日治時期建造的全木建築，屋身是塔式天窗的設計，有助於室內通風和採光，屋架採正同柱式桁架（king post truss）。

由於台灣人與日本人的生活方式和飲食風尚不同，當時西市場是給內地人（即日本人）消費；東市場則是給台灣人消費。東市場當中有不少美味的攤子，牛肉攤、羊肉攤、春捲和雞捲都相當出色。

東市場的蔡家本產羊肉從一九五一年開始已經三代了，從戰後就開始，香氣四溢的羊肉；王家祖傳的牛肉湯則已經傳承了四代，一大早就喝牛肉湯配上一碗飯，補充體力階層的氣力來源。

東市場的意麵有將近九十年的歷史了，從日治時代就傳承到今日，嘉義人最為特別的早餐就是魯熟肉，這是嘉義人的澎湃早餐，魯熟肉很多人不知道是什麼，有點像是北部說的「黑白切」，或是台南人的「香腸熟肉」，但更為豐富且多元，一早就要吃得飽，才能應付一天的工作。

坐在市場中，看著從日治時期用阿里山檜木打造的市場，每天熙來攘往的人潮在這裡採買一天所需的必需品，從食材、生鮮食品，到祭祀和婚喪喜慶的用品都在這裡，可以說是每個人的人生記憶都和這裡有關係。

關鍵詞

大時鐘公有市場

中壢第一公有零售市場是位於台灣桃園市中壢區的公有市場建築，位於中壢區中正路、中平路、大同路口；因早期前方有一座獅子會捐贈的鐘塔，因此中壢當地人又稱該建築為「中壢大時鐘」。市場於日治時期即存在，後於一九七五年改建，內有百貨服飾、餐飲、布行、算命等業者，還曾設有冰宮、舞廳，然隨著時代演進、海砂屋劣態浮現，逐漸沒落並走向拆除重建一途。新建築於二〇二二年啟用，外觀設置大片透明玻璃帷幕，並保留有「大時鐘」意象。

❶ 早期的嘉義東市場。
（圖片來源：維基共享資源）
❷、❸ 現今嘉義東市場的樣貌。

❹、❺ 現場烹煮的食物是市場最吸引人的味道。

竹籬笆的遷徙記憶：四四南村

國民政府因為與共產黨在中國的內戰，有將近兩百萬人渡海遷徙到台灣來，從軍人、公務員和各行各業的人來到台灣，他們沒有容身之處，為了要安頓他們，設立了很多臨時的居所，一般人將聚落稱為「眷村」。

本來日本人有蓋警察宿舍、教師宿舍或是公務人員宿舍，後來中華民國的官兵和公務人員也住在其中，像是高雄的「黃埔新村」，以前是日軍軍官的宿舍。然而，後來太多官兵來到台灣，日本人所留下的房舍不夠居住，很多部隊就隨意在營區附近蓋起房子。

國軍在台灣搭建的第一座大型眷村就是在台北市信義區的「四四南村」，在聯勤第四十四兵工廠的工兵利用營區附近的廠區、庫房和工地上搭建房子興建而成，在兵工廠的南邊，所以稱作「四四南村」。

一開始由於國家還有回到中國的希望，所以只是隨便搭建作為安身立命之所，連給水設施、廁所都沒有，每間七、八個人住在不到十坪的小空間中，只能使用公共廁所。

蔣介石總統要帶國軍「反攻大陸」，但日復一日，很多人後來就在台灣待了一輩子。現在的「大安森林公園」本來是日治時代要設置公園的地方，然而，臨時搭建了眷村，其中住了上千人。

當來到台灣一陣子以後，蔣介石知道反攻大陸的希望渺茫，開始籌措經費興建眷村，以前不管是做生意，或是電影票，都要被課「勞軍捐」，其中的一部分經費就是用來蓋眷村。新型的眷村用鋼筋水泥的建築，軍人可以貸款購買取得房子的所有權。

以往的眷村由於軍人的身分特殊，跟周邊的居民有所距離，但在眷村內的居民彼此來往密切，相互照應，培養出身分的認同感。眷村裡的媽媽來自中國大江南北，每個人的背景都不同，所以煮出來的菜色也有差異，也讓很多中國不同省分的菜色留在台灣，台灣人本來不大吃麵食和牛肉，但從眷村出來的牛肉麵成為台灣食物的代表。

信義路五段由於信義計畫區的原因，台北101和很多高樓大廈林立，旁邊的「四四南村」矮小的房子成為獨特的存在，當初文化工作者強力的奔走才留下來。從建築的風格來看，「四四南村」連棟的平房，還維持以往的模樣。早期的眷村大多用竹子作為圍牆，所以很多眷村都用「竹籬笆」作為代稱。裡面居住的人同質性高，而且有著共同的生活記憶，從中國顛沛流離而來到台灣，在此生根。

從四四南村的展示館中，裡面留著以往居民在此居住的生活軌跡、眷村媽媽的美食，還有各種舊照片和文件，讓大家體驗到以往的生活。歷史是過去的現實，因為戰亂的關係，台灣吸納了上百萬從中國來的移民，他們在這裡開枝散葉，讓台灣有著豐富多元的文化，成為我們戰後重要的文化和記憶。

關鍵詞

信義計畫區

信義計畫區所在地為清治時期的「興雅庄」，隸屬於大加蚋堡，是瑠公圳最早灌溉的區域之一，原為生產稻米的農業用地。日治中期劃為台北州七星郡松山庄「興雅」，日治後期部分被徵收為日本陸軍松山倉庫。戰後該地區屬於台北市松山區，主要作為四四兵工廠及汽車五級保養廠使用，周邊還有眷村、射擊靶場、台機公司重型車輛機械廠及少數民間住宅外，其餘大多為空地，土地利用程度低。自一九七〇年代提出副都心計畫、一九八〇年代開始進行開發，現為台北重要的中心商業區（CBD）。

坐落在信義區的四四南村。（圖片來源：Photo AC）

恢復城市的記憶：高雄車站

現在的高雄車站是火車與捷運共構的車站，但是外觀仍然呈現著將近一百多年前的「帝冠樣式」的造型，要保持住老車站，又要和城市的現代化一起，高雄車站的建造，還有保存，展示了高雄發展的過程，也留在高雄人的記憶當中。

其實以前的高雄車站並不是現在的樣子，舊的高雄車站完成於一九〇八年，也是鐵路縱貫線完成的時候，在現在的哈瑪星地區。當時填海造陸的哈瑪星地區，後來成為高雄市新興發展出來的街區。

然而，因為高雄快速的發展，舊的高雄火車站每年旅客人次突破上百萬人，讓原來的火車站的空間不夠使用，加上旁邊的腹地小，無法擴建，當時的台灣總督府就決定蓋座新的高雄車站。

在高雄車站還沒興建之前，當地只有樹林，只有一條小路通往鹽埕市區，附近也沒有住戶。為了讓高雄車站成為高雄的中心，接著開始市區道路規畫，開闢了今天的中山路、八德路、七賢路、六合路、大圓環、中正路、中正橋、新市役所（市政府）、新州廳。

新的車站由坂本敏一設計，採用的是所謂的「帝冠樣式」，屋頂像中國式的建築，有如一頂帽子，所以稱為「帝冠樣式」，一九四一年完成的高雄車站，和日治中期蓋的台中車站已經有不同的建築樣式，當時流行西方式和東方式的「和洋混和」。從建築上來說，結構上用的西式，但外觀看起來像是東方的宮殿，裝飾則是用西方風格加上東方元素，在屋瓦和斗栱則是以東方的樣式加入西方的圖像。

高雄火車站是高雄市民重要的活動空間，從第二次世界大戰、二二八事件、高雄美麗島事件等，都是歷史事件的重要場所，見證了高雄城市的社會變化。高雄市政府因應「三鐵共構」，決定保留車站，但在原來的車站下方施工有難度，決定先將車站遷移至八十二公尺外的紅毛港文化園區。

一座龐大的建築物，在下面設置鋼軌，二千五百噸重的站體慢慢的移動到暫存的地方，後來高雄市政府在原來的車站設置「高雄願景館」，展示高雄市的鐵路發展和未來的城市願景。二〇一八年高雄市的鐵路地下化通車之後，將高雄車站再遷回來，在二〇二一年八月開始回推，施工團隊放置一杯水，移動過程相當平穩，水完全沒有外溢。

高雄車站在同年九月二十六日回到中山路和博愛路的城市中軸線，高雄市長陳其邁致詞說：「偉大的城市珍惜過去一起奮鬥打拚的建築跟歷史，代表這個城市是真心對待每一個組成的市民，因此，車站的保留，不僅是保留建築，亦是保留記憶，更重要的是，保留高雄人共同的感情。」

現在旅客從中山路和建國路口進入站前廣場，會看到鯉魚雕像，以前是有很多鯉魚的打狗川支流的「打港庄」，現在進入一九四〇年的帝冠式車站，然後再經由三鐵到全高雄、全台灣和全世界，由時空的走廊連結歷史記憶與現在和未來。

關鍵詞

哈瑪星

哈瑪星位於台灣高雄市鼓山區，泛指現今五福四路與鐵路平交道的交會處以南，至鼓山漁港、漁市場，東至高雄車站一帶的臨港線鐵路（已停用），西至哨船頭東側。哈瑪星原本是海域，日治時期，日本當局在高雄建立港口，為了疏濬航道，於是利用淤泥填海造陸而形成。「哈瑪星」此名稱的由來，是因為當地有兩條濱海鐵路通往商港、漁港和漁市場，日語稱為「濱線」（日語：はません，Hamasen），當地居民以台語稱之為「哈瑪星」（Ha-ma-seng）。

原高雄車站大樓。（圖片來源：Photo AC）

腳踏車王國的記憶：自行車文化探索館

到台中參觀「自行車文化探索館」，是巨大集團在二〇二〇年啟用，全世界第一座融合自行車文化，結合數位沉浸式體驗的博物館，廣達一千一百坪，有八個展廳，有文化、科技和工藝，將自行車的各種可能介紹給全世界。

巨大的自行車博物館不只講過去的歷史，還有人類利用腳踏車的各種活動，還將光譜望向未來，讓參觀個人化，而且利用科技來打開感官，結合身體的體驗，讓參觀者更加具備未來的想像。

自行車的發明本來只是作為代步的工具，但現在有更多更快且便利的交通手段，選擇自行車是一種生活方式，透過踩踏的行為，決定自己的速度，讓生活可以按照選擇前進。

台灣的自行車品牌在全世界知名，前十的兩大自行車品牌Giant（捷安特）和Merida（美利達）都來自台灣。沒錯，台灣是名符其實的「自行車王國」。除以CP值超高的優質自行車享譽國際外，更有周轉率全球第一的公共自行車租借系統，甚至還有全長約九百六十八公里的「自行車環島1號線」呢！

從巨大的自行車博物館可以看到人類從一八一七年發明可轉向雙輪車到現在兩百多年的歷史。談到打造博物館的初心，巨大集團創辦人劉金標先生曾說：「希望它啟動大家對於騎行和探索的熱情，並扮演最好的嚮導。」

自行車在台灣有很多種稱呼，有人叫它「腳踏車」，也有人稱為「單車」。這項交通工具最早出現在台灣的記錄是在一九〇三年，當時正處於日治時期，當它尚未普及化之前，台灣主要交通工具是牛車、馬車、人力車、或是轎子。在日治時期，自行車被稱為「自轉車」（じてんしゃ），閩南語則叫它「孔明車」，後來才取其以腳踏行駛之意而稱為「腳踏車」。

到了一九二〇—一九三〇年代，腳踏車在台灣才比較普及，成為當時最主要的代步工具，幾乎家家戶戶都有一輛腳踏車。除了個人使用外，腳踏車更是部分工作的必備工具，像警察巡邏、郵差送信，還有雜貨店送貨等，都會運用腳踏車。

不過在日治時期，這些從外國進口的「腳踏車舶來品」可是價值不斐，不同牌子的腳踏車，售價差距也很大，如果家裡有一輛高價腳踏車，更象徵著這戶人家具有高社經地位，尤其擁有從日本進口來的「富士霸王車」或是「Rudge 自行車」，更可媲美現在的賓士汽車，因為當時一般公務員月薪約十五元，一分農地（約二百九十坪）售價約一百元，但一輛富士霸王車就要價三十元，Rudge 自行車甚至售價高達一百四十元，一般人可能要存好幾個月，甚至要分期付款才買得起。

國民政府來到台灣之後，台灣受到美國政府每年約一億美元的美援貸款，政府也大力推行進口替代與節省外匯的政策，台灣開始出現了腳踏車組裝產業，腳踏車的供應開始由進口走向自製，售價大幅下降，從此更為普及。原先在日治時期可能只有出門工作的人才得以使用腳踏車，但到了戰後，一個家庭可能同時擁有兩、三輛腳踏車，作為孩子上學與母親家務採買的代步工具。

台灣開始發展自行車產業後，除了供應台灣本地市場的需求外，透過美援與美國企業的連結，漸漸有了來自美國企業的代工訂單，因而開始生產給孩童的迷你腳踏車、特殊功能的登山車和變速車等。在一九七〇年代，受到能源危機的影響，美國市場對於自行車的需求大增，台灣的自行車產業也因此更為興盛。

雖然一九八〇年代開始受到東南亞低廉人力成本的競爭影響，台灣自行車產業大受衝擊，卻從此轉向打造品牌、研發高單價、功能更強大的車款發展，「MIT」自行車也逐漸在全世界站穩一席之地。其中最具代表性的首推巨大機械旗下的品牌捷安特（Giant），另外像是美利達（Merida）、功學社（KHS）等品牌出產的自行車，都非常專精在功能、結構和用料的開發，都是在全球成為其他國外品牌仿效的對象，每年外銷產量近千萬台。

❶

❷

❶、❷ 自行車文化探索館。

❸ 館內展出台灣自行車產業的發展歷史。

大學的記憶

如果問大家台灣最具代表性的學校，應該都會提到「台灣大學」，是日治時代到現在台灣的第一學府，也是台灣人心目中最好的大學。

台灣人開始接受現代化的教育是在日本人統治下才開始的，本來日本人沒有要在台灣設置一所綜合性的大學，而是設置很多專門性的學校，像是總督府醫學校（現在國立台灣大學醫學院）、台北高等學校（現在的國立台灣師範大學）、台灣總督府農林專門學校（現在的國立中興大學）、台南高等工業學校（現在的國立成功大學）等，專門學校主要是培養專業的人才，提供總督府各項專業設施的統治之用。

除此之外，日本人第一次統一亞熱帶地區，透過人才研究台灣和東南亞的資源，提供後續統治和侵略的資料。台灣處在亞熱帶地區，有很多新的醫學上的課題，像是一九一八年成立的總督府醫學校培養了很多研究蛇毒的人才，還培養了很多醫師，就是為了處理台灣地區因為毒蛇所造成的死傷。

日本人設立大學是在十九世紀末期，為了強化國力，積極地透過大學培養本國的人才，一開始設立東京帝國大學，接著在京都、東北、九州和北海道都設立帝國大學。

當日本向海外出兵之後，也開始在殖民地設立大學，總督田健治郎頒布《台灣教育令》，準備在台北設立大學。一九二八年「台北帝國大學」成立，是日本第七所的帝國大學，同年也開始招生。

然而，念大學在當時對於台灣人而言是相當奢侈的事情，一般人因為社經地位的關係，很難接受到大學教育，所以當時進大學的主要是日本人。台北帝國大學一開始只有兩個學部：文政學部和理農學部，學部就有如現在的學院，下面還有不同的專業。

台北帝國大學一開始的招生並不順利，當時台灣的優秀高中生，如果家裡支持的話，會讓子弟到東京或京都帝國大學就讀，畢業後的發展更好，而日本人對於殖民地成立的帝國大學興趣也不高，一開始招生並不順利，還要招生兩次，師生比的比例差不多。

「台灣總督府台北醫學專門學校」在一九三六年併入台北帝國大學，成為醫學部，有了醫學的專業才吸引了較多的學生進入學習。後來又成立工學部，理農學部分家，成為理學部和農學部，逐漸成為一個綜合大學。

然而，當時除了醫學部以外，其他學生都以日本人為主，台灣人很少。日治時代的大學生除了課業以外，還有很多的社團和學會的活動，也會邀請知名的大師來演講，讓同學有更多學習的機會。台北當時已經有了咖啡廳，也有黑膠唱片，可以聽西洋流行音樂，學生的興趣相當廣泛。

國民政府來到台灣之後，將「台北帝國大學」改成「國立台北大學」，後來又改成現在的「國立台灣大學」。台灣大學在戰後因為國共內戰，有大批的知識分子從中國的北京大學和清華大學等知名的學府到台大授課，讓戰後的日本學者離開之後，有很多教授能填補學術上的空缺，教育了很多後來的台灣學子。

戒嚴時代，很多台大的教授提倡自由主義，後來也有學生發起學生運動，推動政治改革，都是台灣對於第一學府的記憶。知識分子是社會的中堅，同時也有更多的學問要承擔相對的社會責任，第一學府不只是知識的殿堂，也有相對應的社會責任。

關鍵詞

杜聰明與蛇毒研究

杜聰明（一八九三－一九八六），號思牧，台北淡水人。一九〇九年自滬尾公學校畢業後，以榜首考取台灣總督府醫學校，但因體格檢查被評定為丙下，險遭除名，幸有當時的代理校長長野純藏將其破格錄取。不但是台灣第一位取得醫學博士學位的人，也是台灣史上第一位博士。杜聰明同時也是培育台灣蛇毒研究人才的先驅，他與他的研究團隊歸納出蛇毒專屬的治療方法、血清，甚至將蛇毒的成分作為藥品的材料（例如：鎮痛劑）。

❶ 日治時期的台北帝國大學。（圖片來源：維基共享資源）
❷ 國立台灣大學校門。

地牛翻身：地震的歷史記憶　九二一地震教育園區

成年人應該都對九二一大地震還有印象，一九九九年九月二十一日凌晨的一點四十七分，在大家半夜還在睡覺的時候，突然發生大地震，造成二千四百一十五人罹難，二十九人失蹤，一萬一千三百零五人受傷，另有五萬一千七百一十一棟房屋全倒，五萬三千七百六十八棟房屋半倒，是台灣戰後時期傷亡損失最嚴重的自然災害。

地震肇因於車籠埔斷層的錯動，並且在地表造成長達八十五公里的破裂帶，那年我大二，地震的時候快要兩點，我讀書讀到很晚，而且當時住十四樓，所有的書櫃都倒了。地震完之後，我走樓梯下去，趕緊到外面避難。

當時沒有網路，還聽到埔里酒廠爆炸，甚至還有人謠傳：「共產黨打過來了。」住在台北的我也好幾天沒水沒電，後來知道發生了什麼事情，到災區做義工，看到東勢全倒的房子，還有大量的傷亡，感覺到生命稍縱即逝。

二十多年過去了，斷層帶成鋸齒狀延伸，主要沿著舊有車籠埔斷層重複錯動，此斷層在昔日光復國中操場造成約二．五公尺的錯動。現在的「車籠埔斷層保存館」記錄保存九二一地震斷層遺址的景觀，連結現址與過去的共同記憶，成立了「九二一地震教育園區」。

台灣歷史博物館曾經辦過一個展覽，稱作「地震帶上的共同體：歷史中的台日震災」，展出十九世紀至今的賑災歷史，從日本國立歷史民俗博物館借展珍藏的「鯰繪」，此十一幅畫作可以反映江戶時代末期民間對於地震的想像，也可以藉此理解當時的社會和文化。「鯰繪」流行於江戶時代末期，當時日本人認為地震主要來自「大鯰」（おおなまず）的躍動，平時「大鯰」受到「要石」所壓制，由鹿島大明神管束，但只要稍不注意，就會出來搗亂。

地震不只是自然現象，科學技術發達之前，每個地震帶上的族群對於地震的起源都有不同的解釋。我們現在習慣將地震稱之為「地牛翻身」，這是台灣人的集體記憶，而且以往住在中國的漢人剛來台灣的時候是不知道有地震的。十九世紀上半期來台灣當官的姚瑩，在〈台灣地震說（己亥五月）〉中指出：「台灣在大海中，波濤朝夕鼓盪。」因為在大海中，早晚被潮汐拍打才會產生地震，當時還沒有看到「地牛翻身」的說法。

日本人統治台灣的初期，曾經派出人類學者調查台灣的風俗，伊能嘉矩曾經指出淡水平埔族有地牛的傳說，後來他又調查到賽夏族與濁水溪流域的Vonum族等也有將地震與地底下的牛搖動身體連結在一起。日本統治中期，佐山融吉與大西吉壽在一九二三年合著的《生蕃傳說集》也記載著鄒族「阿里山番」與「モトエビ」（Motoebi）等社也有「地牛翻身」產生地震的說法。

從原住民的傳說而來，後來成為島上不同族群的共同傳說，台灣人一起經歷很多大小地震，在二十世紀之前傷亡最重大的地震是一八六二年推估芮氏規模六．七的台南地震最為嚴重，死亡人數估計高達一千七百人，房屋毀損達八千七百三十五間。

日治時期傷亡最大的地震是發生在一九三五年四月二十一日，芮氏規模七・一的台中大地震，有超過三千二百人死亡，近一萬二千人受傷，是台灣歷史上死亡人數最多的地震。

一九九九年的九二一大地震是二次大戰之後，台灣所發生規模最大的地震，地震之後台灣政府和民間社會，大量的志工投入救災，全島一命的團結感，有錢出錢、有力出力，當初是大學生的我，也加入志工的行列到災區去幫忙，讓我很感動台灣社會的力量，還有背後的感情和認同。

關鍵詞

車籠埔斷層

車籠埔斷層位於台灣西部，為一條南北走向的東傾逆衝斷層。在九二一大地震尚未發生前，已經有地理學者前往當時之台中縣太平市車籠埔地區進行實地勘察，位置約在光興路以東的沿山地區，於冬瓜山附近發現斷層崖而故名。此斷層在一九九九年九月二十一日的錯動，是造成九二一大地震之主因，但是亦有某些研究指出，九二一大地震造成的地震斷層並不完全依循車籠埔斷層的斷層面滑動。

❶ 921 地震台中大里金巴黎大樓倒塌。（圖片來源：國立台灣歷史博物館）

❷ 921 地震教育園區完整保留車籠埔斷層運動的痕跡。

漫畫的記憶：國家漫畫博物館

國中的時候我還記得每個星期會等待《少年快報》的出版，一星期一本，裡面很多不同類型的漫畫連載，跟同學討論劇情和人物成為生活中的日常。當時我也蒐集了很多漫畫，從《七龍珠》看到《金田一少年偵探事件簿》，還有《名偵探柯南》。

台灣的漫畫受到日本的影響很大，我曾經在國立台灣歷史博物館看過一個展覽：「記憶中的畫格世界——漫畫在台灣」特展，像是時光列車一般，帶我走進台灣漫畫的記憶裡。

一開始的「百年前開始看漫畫」展出日治時期在報紙、雜誌上就刊載漫畫，起源於日本的漫畫，讓在殖民統治下的台灣也很早就接觸到漫畫。「在租書攤遇到武林高手」的展區看到戰後台灣漫畫的第一波高峰，以前經濟狀況比較不好，透過租書攤的方式比較能看到漫畫，很多本土漫畫家也在這個時候開始創作，像是：劉興欽、游龍輝、葉宏甲、蔡焜霖，他們也在市場獲得不錯的成績。

戰後像是《新新》月刊，用文字和漫畫表達社會的亂象，《學友》雜誌也崛起，開始有了漫畫連載，讓很多漫畫家有平台可以發表，後來也產生了許多家喻戶曉的作品，像是《諸葛四郎》、《大嬸婆與阿三哥》。

展場的「從漫畫看世界」展出了一九五〇年代之後，各家的報社開始引進西方的漫畫，史努比、小亨利和加菲貓都成為大家認識的角色。但當時政府開始對本土漫畫實施審查制，讓本土的創作受到很大的限制，此時日本的盜版漫畫也進入台灣市場，成為大家的青春記憶。

隨著政府對於出版的限制鬆綁，國內的漫畫家也有很好的出品問世，像是蔡志忠、朱德庸、敖幼祥、鄭問等人的作品，每個漫畫家的作品都帶有很強烈的個人色彩。

在一九九〇年代之後，市場有了豐富的漫畫雜誌，讀者有機會看到豐富的漫畫，鄭問在一九九一年以獨特的水墨畫技巧驚艷日本。二〇〇〇年之後，隨著網路和數位科技的發展，閱讀的載體產生改變，也讓漫畫呈現出更多的可能性。

由於台灣漫畫發展的過程，很多重要的文物都沒有保留，為了保存珍貴的文物，並且提供台灣原創漫畫的展示空間，從二〇一七年起推動「國家漫畫博物館」的建設計畫，希望透過國家級的專責機構，研究、蒐藏、修復、展示和推廣漫畫文化。

為了要讓「台灣漫畫建立一個完整的家」，二〇一七年十月，原訂將台中水湳經貿園區中台灣電影中心的部分空間規畫為漫畫博物館，最終設立於台中刑務所。除了保存史料之外，要結合城市環境，吸引更多動漫的人才匯集，才能創造更多的作品。透過加值應用，讓漫畫能夠成為出版、影視、動畫、遊戲等領域豐富的故事來源，帶動文化內容產業。

我還記得以往偷偷的在上課的時候看漫畫，當時腦袋已經離開教室，在無止盡的想像中，對於以往沒有網路時代的孩子們，漫畫成為一個視覺想像的記憶，脫離日常的僵化生活。

❶ 國家漫畫博物館籌備處。

❷ 館場內展出許多台灣早期的漫畫作品。

雲林布袋戲館

雲林虎尾的市中心有棟帶有日式和西式混和的「和洋混和風格」的西式磚木造廳舍，一樓是清水紅磚承重牆搭配洗石子窗台，是日本大正時期盛行的建築風格，本來這棟建築是日本時代台南州的虎尾郡役所，是行政和警察的中心，由於雲林也是布袋戲的重鎮，將歷史建築重新活化，讓大家在老建築中感受布袋戲的文化。

我還記得小時候曾經在電視上看到雲州大儒俠史艷文，裡面說他：「轟動武林、驚動萬教」的聲音都還迴盪在耳邊，而催生史艷文的布袋戲大師黃俊雄的父親黃海岱的人像也在館內。黃海岱大師是五洲園布袋戲的創辦人，他的後代開枝散葉建立了金光布袋戲、霹靂布袋戲及天宇布袋戲，對台灣的布袋戲發展影響至深。

一九六二年以前，台灣的電視台還沒開播，當然更別說有網路，但你知道嗎？那個時候的台灣人也很會「追劇」呢！只不過，他們追看的戲劇，既不是長達二、三十集的連續劇，也不是熱門電影，而是各式各樣的傳統戲劇表演，其中最受歡迎的莫過於常在酬神或廟會活動出現的布袋戲了！

布袋戲別名掌中戲，大約是在十九世紀中葉自中國傳入台灣，精彩的故事情節、生動的演出方式，讓布袋戲很快就成為老少咸宜的民間娛樂，每到酬神時刻，廟埕前總會聚集滿滿的觀戲人潮。

到了日治時期，由於布袋戲多半以閩南語等漢人母語演出，內容也多以各種傳統故事為題材，與日本政府希望盡快「教化」台灣人成為日本帝國子民的政策不符，因此日本政府經常干涉或限制布袋戲的演出。甚至到了日治後期，布袋戲還被作為皇民化政策的宣傳工具，不但被迫改說日語演出，題材也多以宣揚愛國精神為主。

二次世界大戰之後，布袋戲的演出內容變得更加多元，除了改編中國歷史故事、武俠小說，有些劇團更演出天馬行空的劇情，搭配乾冰、爆竹等特效，強烈的戲劇效果，緊緊抓住戲台下大小觀眾的心。當時許多布袋戲劇情會安排主要角色是個武藝高超的人物，最常被使用的就是「金剛護體」的功夫，配合華麗的布景、金光閃閃的戲服，更加強了武俠效果，這類充滿想像力的劇情被戲稱為「金剛戲」；後來布袋戲大師李天祿受訪指出，因台語「金剛」與「金光」同音，於是大家開始習慣稱呼為「金光戲」。

一九五〇年代，因為中華民國政府力倡節約、壓縮民俗祭典的時間與規模，野台布袋戲面臨無戲可演的窘境，於是有一些戲團便走入戲院，以售票的「內台戲」維持生計。為了吸引觀眾願意買票看戲，布袋戲團便在舞台機關與戲偶造型、音樂、劇情下工夫，不僅戲偶加大、造型精緻化，配樂也加入流行音樂，劇情安排上更是高潮迭起，並如同連續劇般在結尾留下「下回待續」的懸疑伏筆，吊足觀眾胃口，讓觀眾心甘情願下次再買票進場。

到了一九六二年，台灣電視公司創台開播，播出李天祿「亦宛然」掌中劇團的《三國志》紀錄影片，這是台灣布袋戲首度登上電視。到了一九六五年，台視更正式播出第一齣電視布袋戲，大受好評，從此電視播映也成為布袋戲的新舞台。一九七〇年代，黃俊雄劇團以最新的音響效果和電影化的拍攝手法，配上流行歌曲、文雅口白和緊湊劇情，打造轟動全台灣的《雲州大儒俠》，更締造了百分之九十七的超高電視收視率。

當時中午播出時間一到，許多學生會翻牆蹺課，只為一睹最新劇情發展；街上人車稀少，因為大家都守在電視機前等著看主角「史艷文」和劇中反派「藏鏡人」的最新對決，布袋戲的狂熱達到最高峰。不過因為電視布袋戲實在太紅了，一九七四年時政府決定出手限制，要求布袋戲改為國語配音，最後甚至以「推行國語」、「妨害農工正常作息」等理由禁止所有電視布袋戲演出，直至八年之後才解禁。

一九八二年之後，黃俊雄之子黃文擇所製作的「霹靂」系列布袋戲也廣受歡迎，帶領布袋戲進入至今不墜的另一個高峰，他們不但加入炫目的多媒體後製特效，還將木偶、布景、道具改造得更華麗，開發了各式各樣的周邊商品，甚至還拍電影、成立專屬有線電視頻道，也打入國際市場。

❶、❷、❸ 雲林布袋戲館與館內展出之布袋戲偶。

台北的咖啡記憶：明星咖啡廳

以歷史來說，台北人對於咖啡廳的初體驗，可以從一九三五年「始政四十年台灣博覽會」製作的旅遊案內地圖看見「日活」、「永樂」、「芳野」、「巴會館」、「美人座」及「明治」等店家的位置，大都聚集在大稻埕附近。除了當時的台灣知識分子聚集在咖啡廳，民國初年的文人郁達夫在一九三六年底造訪台灣時，也曾在「明治」喫茶店與台灣當時的文人聚會。當時的台北，成為日本南方的都會，咖啡廳這些現代性的初體驗也在台北知識分子間傳播開來。

戰後由於長期的戒嚴，文化界與知識分子轉趨保守，在這樣的背景下，文人在咖啡廳談的是「純」文學，免得和政治產生任何的關係。文人聚集的咖啡館主要圍繞於台北市中山堂周邊，「朝風」位於中山堂對面的永綏街上，「明星」、「田園」則分別位於距中山堂不遠處的武昌街及衡陽路上。

在這麼多咖啡廳當中，又以「明星」的名氣最大。台灣戰後文學界的現代文學論戰，都有著「明星」的影子。白先勇在〈明星咖啡館〉中寫著：「台北雖然變得厲害，但總還有些地方，有些事物，可以令人追思、回味。比如說武昌街的『明星』，『明星』的咖啡和蛋糕。」一九六〇年代「明星」的情景，在白先勇筆下是一段年輕的美好回憶：「那時『明星』文風蔚然。《創世紀》常在那裡校稿，後來《文學季刊》也會在『明星』聚會。記得一次看到黃春明和施叔青便在『明星』二樓。一九六〇年代的文學活動大都是同仁式的，一群文友，一本雜誌，大家就這樣樂此不疲的做了下去。」

當時的文人在「明星」中討論法國的存在主義，看著新浪潮的電影，聽著披頭四的音樂，欣賞超現實主義的畫作，享受著布爾喬亞的文化氛圍。然而，只要了解六〇年代在歐美發生的學生運動，就知道這些在「明星」當中的年輕人只是碰觸到當時西方文學、電影與藝術的皮毛。因為他們沒有觸及到戒嚴體制的一切，參與「明星」的除了陳映真外，也大都是具有追求生活品味和背景的作家。

「明星」代表的是一個禁錮與高壓統治時代中，文人逃避時代現實，投入純粹文藝創作交流與發聲的場所，這些作家不問蒼生，只存在文字的世界。當台灣的社會力在解嚴後被釋放出來，社會的各個角落都是發聲的地點，「明星」的歷史地位也走向了終點。

「明星」在一九八九年歇業，那時我只有十歲，自然不可能去過。高中時嗜讀一些台灣現代主義文學的作品，對於「明星」也只能緬懷，當大學時我在台北車站附近走動，經常都是在附近的「秋海棠」消費大量的藝術電影，每當走過台灣省城隍廟時，看到對面的武昌街七號已經不是「明星」咖啡廳，而是居仁堂素食餐聽，台北的確如白先勇所說的「變得厲害」。二〇〇二年四月居仁堂大火，讓「明星」重回媒體的注意，也再度得到藝文界的關注，獲得重生的機會。

重生的「明星」咖啡廳，盡量依照當初的設計，俄羅斯風格依然。樸素暗紅的桌椅，在牆上裝置幾盞壁燈，簡單的窗簾和檯燈，沒有太多的繁瑣裝飾，呈現出安靜氣氛。我在這裡點了壺茶和雙層的點心，從中午一直坐到晚間，新的「明星」也有了無線網路設備。

傍晚時，外面的台北市台灣省城隍廟亮燈，我看著窗外，又望著室內，感覺有點不搭，這似乎就是「明星」與台灣社會的關係。它曾是青年感受六〇年代反體制、反權威思潮卻不敢反抗當時體制的場所。當台灣的政治禁忌逐漸打破，社會力展現出來了，它卻走向衰落。當「純」文學已經結束，網路語言與時代來臨，它成為對一個舊時代的緬懷。

關鍵詞

白先勇

台灣大學外文系畢業，美國愛荷華大學「國際作家工作坊」文學創作碩士。白先勇創作文類以小說為主，另有散文、評論、劇本等。其代表作有小說集《臺北人》、《紐約客》，長篇小說《孽子》與散文《樹猶如此》等，是二十世紀華語文壇重要的創作者，得到余光中、夏志清等多位知名作家、評論家的一致推崇。其代表作《臺北人》在《亞洲週刊》評選的「二十世紀中文小說一百強」中名列第七，是在世作家中最高排名，也是二十世紀下半葉最優秀的中文小說之一。近年較少小說作品，而是將精力轉至編寫書評與崑劇之振興。

明星西點咖啡館。（圖片來源：明星咖啡）

台灣電影的記憶：國家電影及視聽文化中心

大學的時候，我經常到當時在台北青島東路上的「國家電影資料館」欣賞老電影，後來在新莊成立了「國家電影及視聽文化中心」，保存台灣的視聽媒介記憶。

台灣人電影的初體驗是因為日本人，從記錄上來看，高松豐次郎在一九〇一年於西門町廣場播放，放了一些關於日本的新聞紀錄片，當時的電影形式大多是新聞宣傳片。

高松豐次郎與當時台灣總督府的行政長官後藤新平是同學，因為年輕的時候在工廠做工，手臂受傷，沒有得到應有的補償，後來立志學習法律，希望幫助勞工。學習法律的時候與後藤新平成為同學，畢業之後，在日本從事社會運動，也用最新的攝影機拍攝影片。他來到台灣之後，拍攝台灣的風俗。

台灣人在一九二四年才開始拍攝電影，由《台灣日日新報》出資，李松豐導演《誰知過》，這是台灣人拍的第一部電影。日治時代，台灣開始有了電影的放映，但大多是日本來的電影。戰後從中國遷來的公營或黨營片廠，投入國語片製作，五〇年代民間則拍攝大量的台語片，此時國台語片並存。

台語片從一九五五年的《六才子西廂記》到一九七二年的《回來安平港》，生產了一千多部的電影，類型種類相當多元，有歌仔戲、古裝片、武俠片、時裝喜劇、社會事件、諜報片、民間傳說、文藝愛情和流行歌曲片。台語片的製作條件簡陋，器材和物資也缺乏，但相當有活力。

台語片蓬勃發展的同時，國語片在政府的推動下，公營片廠中影，加上香港電影人才結合本土電影公司的國聯公司，開創了國語片的新風潮，像是黃梅調、瓊瑤愛情文藝、武俠片、軍教片等類型的電影都在市場上流行。

當時的創作，政府投資很多軍教片，宣揚反共愛國的思想，另一方面則是逃避社會現實的感官文藝片，讓電影逐漸脫離社會的發展，在中日斷交之後，大量抗日題材的作品也出現，但與當時的經濟高度發展的社會已經脫離。

改變台灣電影的最大關鍵還是在於社會發展，當政治逐漸鬆綁，新生一代的電影專業人才投入電影工作，在一個較為開放的氣氛下，「台灣新電影」為台灣電影文化注入活水。主題開始回望自己的土地與生活，最受國際矚目的導演是楊德昌和侯孝賢，兩人都在國際影展上獲得很重要的獎項。

一九八〇年代中期之後則以蔡明亮和李安的作品最受到國際的重視，蔡明亮的《愛情萬歲》，李安的《囍宴》和《飲食男女》都在國際上得到重要的獎項。然而，「台灣新電影」雖然獲得國際的重視，本土的電影工業卻疲乏不振，商業類型的電影嚴重衰退，資金取得不易，使得片商的投資意願低落。

台灣電影在二〇〇〇年之後，由於加入WTO，電影市場完全由好萊塢市場主宰，二〇〇八年魏德聖執導的電影《海角七號》以商業化的路線，並且揉合本土的歷史和文化，票房成為戰後以來最賣座的華語片，也讓觀眾和片商重拾信心。台灣電影的創作者開始注重觀影群眾、商業市場和製片生態的整體考量，用草根特色的幫派電影、令人感動的通俗劇，還有驚悚片等類型電影提高觀眾對國片的支持，並且產生相當多新生代的影星。

電影是很重要的媒介，當燈光暗下，專心看著大銀幕，各種故事上演，國家電影及視聽文化中心承載著我們共同的記憶。

關鍵詞

李安

台灣知名導演，出生於屏東縣潮州鎮，曾獲得多個主要國際電影獎項，包括兩屆奧斯卡金像獎、兩屆金球獎、兩屆威尼斯影展最佳影片金獅獎，以及兩屆柏林影展最佳影片金熊獎、英國電影學院獎終身成就獎。作品包括《囍宴》、《飲食男女》、《臥虎藏龍》、《斷背山》、《色，戒》、《少年Pi的奇幻漂流》等等，李安是第一位贏得奧斯卡最佳導演獎的非白人導演，也是至今唯一在奧斯卡、金球獎和英國影藝學院電影獎都拿過導演獎的亞洲人。

海角七號

《海角七號》是一部於二〇〇八年上映的台灣電影，為台灣導演魏德聖執導的首部劇情長片，由范逸臣、田中千繪、以及眾多台灣音樂人共同演出。當時的台灣電影市場正處長期低迷、籌資困難，惟《海角七號》共耗資五千萬新台幣拍攝，為當時為數不多的較大成本製作之一，不過該電影在宣傳上並無大量花費；二〇〇八年十二月十二日全台首輪戲院正式下片後，統計總票房超過五．三億元，創下台灣電影史票房紀錄，僅次於冠軍《鐵達尼號》；若以華語片票房排名，《海角七號》則居第一名。

❶ 國家電影及視聽文化中心。

❷、❸ 館內展出拍攝工具的歷史。

土地公的歷史記憶

台灣的廟宇多，其中最多的就是土地公廟，到處可見，跟我們的日常生活息息相關，而且不同族群也有不同的稱呼。閩南稱土地公；客家人稱伯公。

所謂的「田頭田尾土地公」，在傳統的農業社會，安土重遷，特別注重土地公。不只在農村有土地公，墳墓、宗祠、廳堂，甚至現在的靈骨塔內都有土地公。民間一般相信人往生之後，由土地公帶到陰間。在神的系譜中，土地公算是陰神，由城隍管轄，也負責守墓和帶路。

以往是傳統的農家祭祀土地公，但隨著經濟發展，也越來越多商家祭祀土地公，農家祈求五穀豐收，商人則祈求賺五路的錢，且因為土地公跟社區，還有地緣有關，做門市生意的人，也會祈求土地公帶來財富。

漢人的信仰中，土地公從很早以前就有了，以前人群聚落最小的為社，社有社神，《周禮》中就用樹做社神。很多台灣的土地公廟或是伯公廟，旁邊都有年代久遠的大樹。以前中國古代的社神有分等級：鄉社、縣社、一直到中央的社稷，台灣的土地公只管村、里，沒有往上發展，而且很多都是民間自發的經營，沒有中國的層級性。

土地公有點像我們的里長伯，或是管區警察，來台灣拓墾的漢人，先建立土地公廟，有些供奉一個橢圓形的石頭，以往以石立社。後來等大家生活比較穩定之後，幫土地公立廟，有些較小的，還要彎腰祭祀。一個小聚落，通常也有一個土地公廟。

土地公的造像很多種，從石頭、大樹、和長鬍鬚的老公公的形象，服飾上略有不同，市區有些的土地神像員外般的富人形象，手持金元寶、銀錠、玉如意，也有文官的樣貌；在鄉間有的手持拐杖，也有騎馬、騎虎、騎龍，或是麒麟的土地公。台灣有傳說「土地神轄山中虎」，土地神的坐騎也常被認為是虎，傳說虎爺能夠巡守廟境，所以會在土地公的供桌下再奉祀一座虎爺。

客家的伯公與閩南的土地公雖然都是土地神，但仍有些差異，閩南的土地公廟內都是眾神合祀，客家的伯公只有獨祀。對於客家子弟來說，伯公也是鄉愁的象徵，所謂的「伯公下」，「下」是一個空間，也是心靈的角落，陪伴著客家族群。

土地公的神號稱為「福德正神」，祭祀日就是社日，主要在春季和秋季，客家傳統訂在二月二日，秋季則在八月十五日中秋祭祀，後來演變成一天是土地公生日；一天是得道日。閩南的土地公廟有些會和土地婆、註生娘娘一起祭祀，象徵人丁興旺，也是豐饒的象徵。

全台土地公廟最密集的就是桃園市的桃園區，據統計，桃園區就有二百四十九座土地公廟及二十八座配祀在較大廟宇供奉的土地公，總共有二百七十八座，平均每平方公里就有七座。桃園市政府特別蓋了土地公文化館，除了展示桃園市、台灣與海外華語等社區的信仰與奉祀文化之外，也展出各種為感謝土地公而舉辦的工藝、音樂、民俗表演中的常民藝術美學。

土地公是台灣人共同的民俗記憶，象徵著來台的漢人落地生根，結合鄉土的特色發展出來的文化。

❶ 土地公廟是台灣最常見的廟宇。

❷ 結合鄉土特色的土地公文化節。

玄天上帝

我外婆住在名間鄉，這裡有著香火相當鼎盛的「受天宮」，祭祀玄天上帝。

從中國閩粵而來的移民，他們經常出海，所以神祇都和水有關係，玄天上帝是北方星宿的神格化，可以幫船定位指標，媽祖也是保護出海平安。閩粵移民將原鄉的神祇帶來台灣。

鄭氏王朝時代，當時台灣的漢人越來越多，而且鄭成功「反清復明」，道教是明朝的主要信仰，玄天上帝受到國家的祭祀，至高無上。鄭氏為表明心向明朝，在台灣廣建真武廟，奉明朝的正朔，作為反清復明的支柱，「速建聖廟」以作為精神上的象徵。

當施琅帶領軍隊入台之前，利用媽祖的神蹟來說服部將，後來占領台灣之後，利用明太祖立國之「玄武陰佑者多」的道理，以媽祖「庇佑清朝」瓦解鄭氏王朝，奪取台灣。台灣納入清的版圖之後，亦在台灣廣設媽祖廟，用來瓦解玄天上帝的信仰。

隨著玄天上帝庇護海上安全的功能被媽祖取代，在台灣的山區逐漸傳播，本來在海岸邊的移民逐漸拓墾到山區，由於玄天上帝統攝龜蛇，台灣多蛇，在早期的開墾過程中是很大的危害，藉著祭祀玄天上帝，期望免受蛇類的侵擾。加上台灣山地的移墾，有不少來自福建漳州地區，將原鄉的玄天上帝帶來台灣中部近山的地區。

玄天上帝的待遇雖然不如明鄭時期，但法力高強，擅長除妖、祛邪、勘輿、治病，頗能符合移民的需求。地方耆老、業戶、族長等，因著百姓的要求而發起的建廟者，更為普遍。玄天上帝也是乩童的保護神，也廣為寺廟神壇供奉。

日治時代台灣寺廟開始有詳細的調查記錄，其中以玄天上帝為主神的廟宇在台灣大抵都高居全台第五或第六位，可見其興旺的程度。南投縣名間鄉也在近山地區，祭祀玄天上帝的受天宮，每年農曆年過後到四月期間，尤其農曆三月三日玄天上帝的誕辰日，大批進香客到此前來參拜。

受天宮建廟起源於福建來的李姓、陳姓、謝姓、劉姓到松柏坑伐木，一七三七年農曆三月三日，玄天上帝誕辰，帶來的香火袋發出光芒，而且「採乩」指示建廟地點，剛好就是龜蛇穴吉第。一七四五年據傳玄天上帝化身為白鬚老翁，前往鹿港訂做三尊玄天上帝像，白髮老翁也通知名間地方人士從鹿港迎回上帝。

受天宮相當靈驗，雖然交通不便，但香火鼎盛，日治時代的一九二四年在日籍警員的提倡下，擴建得到南投郡守的支持，除了當地各庄，也向中部地區各縣市募款，擴建廟殿，有了現在的基礎。從記錄上可以看到，受天宮進香時期，香火鼎盛，民國四十六年的時候就有十幾萬人參加。後來越來越盛大，除了地方長官，政府高官也會參與，一九七六年受天宮重建，全台各地的六百多尊玄天上帝一起參加祈福法會，更為盛大。

九二一大地震，受天宮廟殿支柱龜裂，兩千年又發生大火，雖然讓進香的人數略減，但之後地方開始辦各種活動，讓受天宮仍然香火鼎盛。從鄭成功時代到現在，從海神到山神，玄天上帝雖然來自中國，但已經成為台灣人對於神的重要記憶。

❶ 南投縣名間鄉的受天宮。

❷、❸ 宮廟內的藻井與殿內一景。

新埔義民廟

義民廟是客家人重要的信仰中心和記憶，從資料上來看，台灣目前有超過三十座以「義民爺」為主神的廟，除了義民廟以外，還有稱作褒忠祠、集義亭、忠義祠，從台北一直到屏東都有。

客家聚落幾乎都有義民廟，本來是指協助清帝國官兵平亂的民眾，不只客家人，在林爽文事件之後，乾隆皇帝為了攏絡各種族群，頒發匾額給台灣不同的族群，像泉州得到「旌義」、熟番獲得了「效順」、漳州人得到「思義」，客家人獲得了「褒忠」。

現在很多地方都有「褒忠義民廟」，供奉在平亂過程中喪生的義民。對於官府來說，民間的義民信仰有助於凝聚客家族群對於朝廷的效忠，桃竹苗地區的褒忠義民廟最多，當時新竹地區在戰役中死傷的人超過兩百位，用牛車載運骸骨的時候，牛車經過新埔的枋寮，牛突然不走，擲筊之後遺骨有意埋葬於此。

後來地方仕紳出面，呈請平台將軍福康安批准「立塚建廟」，地方仕紳多方奔走，在乾隆五十三年冬天破土，兩年之後完成，稱為「褒忠亭」。

同治元年台灣又發生戴潮春的事件，竹塹地區再度號召義民南下，這次義民的死難者也超過百人，將遺骸葬在原來義民塚的左側，稱為「附塚」。

日本在一八九五年統治台灣，日本人軍隊到台灣的時候，受到客家族群強力的抵抗，很多廟宇也付之一炬。明治三十二年（一八九九），湖口庄的傅萬福、徐景雲、張坤和等地方仕紳倡議十四大庄信眾捐資重建，修築了五年始成。

日本統治後期，開始推廣皇民化運動，義民的信仰相當強固會讓運動推展困難，本來想要廢除褒忠亭，沒收廟產，後來十四大庄地方父老向日本政府據理力爭，並且到東京，向日本的帝國議會陳情，後來獲得保存。

國民政府來到台灣之後，民國五十三年褒忠亭的本廟因為年久失修，開始傾頹，梁柱遭到腐蝕，後來再度集資修建。民國七十四年內政府將褒忠亭列為三級古蹟，後來本廟有意再度擴建，民國九十二年獲得內政部古蹟修復經費的補助，隔年竣工，就是新埔褒忠亭的現貌。

新埔褒忠亭從乾隆五十三年完成到現在將近兩百五十年，由地方的耆老興建，後來再擴建，很多不同家族捐田、捐錢、或給祭田，成為北台灣最重要的客家信仰中心。本廟除了祭祀義民爺之外，還有附祀觀音佛祖、三山國王、五穀神農大帝和福德正神，還有建廟人士的長生祿位。

目前參與新埔義民廟聯庄輪值的祭典區，涵蓋新竹縣、市及桃園三地，共計六家、下山、九芎林、大隘、枋寮、新埔、五分埔、大茅埔、石光、關西、湖口、楊梅、溪南、新屋、觀音等十五大庄，透過義民的祭祀，在清代他們得到參與科舉的機會，有機會讀書、考試、當官，成為統治階層的一部分，還可以光耀門楣。

客家族群的歷史記憶中相當重視「義民」的身分，現在每年農曆七月，桃園、新竹和苗栗的客家人，都會舉辦盛大的「義民祭」，除了祭祀在戰爭中喪生的祖先，也延續客家的認同。

關鍵詞

林爽文事件

林爽文事件為清朝時期台灣的三大民變之一，是由天地會領袖林爽文發動的一場抗清行動。起因為一七八六年台灣社會因吏治不良與兵丁曠弛，台灣人民遭受苛政的逼迫，告官無門，出於生存的需要而拜把結會，又因官府緝捕手段過於激烈，引起以林爽文為首的民變事件，動亂初起，台灣鎮守的兵力無力應付，事件逐漸蔓延擴大，尤其是整個中部平原的農業開放精華地區受害更烈；之後雖有福建水、陸兩提督黃仕簡、任承恩及欽差湖廣總督常青先後渡海來台督軍，戰事仍未能完結，乾隆皇帝再派出福康安將軍，率領精兵，戰況才獲得平定。

三山國王

三山國王為來自中國粵東地區之山神信仰，三山是指揭西縣河婆鎮北面的三座山：巾山、明山、獨山，後來隨著近世海外拓墾移民，三山國王信仰也遍及台灣及東南亞。早期研究普遍認為三山國王為客家人信仰，並一度認為是客家人特有神祇，但近年來田野調查分析，發現台灣客家人口最多的桃園市，並無三山國王的大廟，由此證明三山國王不是客家人的獨特信仰，為潮州府籍的鄉土神信仰，是當地潮州人、客家人的共同信仰。

新埔義民廟。（圖片來源：曾傳富）

鹿港小鎮與媽祖的記憶

台北不是我的家　我的家鄉沒有霓虹燈
鹿港的街道　鹿港的漁村　媽祖廟裡燒香的人們

羅大佑的〈鹿港小鎮〉紅遍八〇年代的台灣，當時不少離鄉背井的鄉下青年赴台北打拚找工作，嚮往台北的繁華，到北部尋找人生的機會。

當兩岸之間的交流開始時，羅大佑的歌曲也在中國不少地方流傳，每每我在中國旅行，特別是遇見四十多歲的師長們，他們得知我是來自於鹿港，總會提到羅大佑的〈鹿港小鎮〉，我才知道鹿港在中國如此出名。

我想羅大佑是不懂鹿港的，鹿港對他來說只是八〇年代台北人對於鄉村的一種想像，純樸的小鎮、媽祖信仰的濃厚和善良的小鎮姑娘。鹿港的媽祖信仰的確很濃厚，但我不敢說小鎮的人都很純樸，小鎮之中有善良、也有心地不好的人，彼此也會勾心鬥角。

本來鹿港也居住著平埔族的原住民，十六世紀福建沿海，以漳州和泉州為主的移民離鄉背井，到鹿港開墾。鄭氏王朝的時候，鹿港已經具有初步的規模，當時台灣本來是無主之地，移民者到此與原住民之間爭奪土地，鄭氏王朝主要保護移民者的權益，因此鹿港逐漸的發展成較大的漢人聚落。

清帝國出兵征服台灣之後，鹿港成為台灣中部的重要港口，出口大量的糖、米，商業繁盛，十八世紀晚期，鹿港市街據稱有十萬人之多，故有「一府、二鹿、三艋舺」的說法。鹿港的重要性主要在於當時台灣陸上的交通不便，只能依靠沿岸的港口輸出物資。

鹿港天后宮的建立主要來自漳、泉移民的傳統信仰，將原鄉的信仰帶進新移居的土地，是世界移民史上普遍的行為，也是宗教傳播的重要方式之一。面對著新土地上的一切是如此的陌生，瘴癘之氣、天災和傳染病，也必須與原住民族相互抗爭，透過原鄉的神明作為精神的寄託。

號稱黑水溝的台灣海峽，海上航路險惡，經常會遇上氣候狀況，行船走馬三分險，當時到南洋據說只有一半的人能夠存活，而到台灣則比這個機率更小，沿海的居民經常在船上供奉媽祖的聖像，作為航海人的保護神。

鹿港的天后宮也是在這樣的歷史背景下成為鹿港人的心靈寄託，目前天后宮的媽祖則與施琅率領清軍攻打台灣有關，據《天妃顯聖錄》記載，當施琅抵達澎湖的八罩島時，由於缺乏淡水，清軍挖開退潮後的沙地，發現飲用的淡水。媽祖顯靈告訴清軍：「二十一日必得澎湖，七月可得台灣」。

當施琅打下台灣之後，奏請康熙皇帝封媽祖為「護國庇民妙靈昭應仁慈天后」。據傳施琅從湄洲天后宮奉請開基媽祖一尊，作為護軍之神，征服台灣之後，同族之中的晚輩施世榜一族居住於鹿港一帶，將神像留在鹿港祭祀，施世榜於雍正三年（一七二五）捐地，遷建於現址。

媽祖的信仰從宋代的神女，歷經元、明、清，從夫人、妃、天妃、聖妃，到康熙時則晉升為天后，是女神之中的最高位階，而封號更高達六十二個字，達到所有神明之冠。冊封媽祖的主要目的是收攏台灣和沿海的人心，是一種由下至上的力量，由於沿海的航運和經濟的發展，使得清帝國不得不重視沿海民眾的民間信仰。

透過由上而下的信仰，媽祖後來逐漸成為台灣人最重要的女神信仰，而〈鹿港小鎮〉的傳唱也讓後來因為海運而沒落的鹿港，再度出現在大家的記憶中。

關鍵詞

羅大佑

台灣男歌手、詞曲作家、編曲家、作家、醫師，有「華語流行樂教父」之稱。一九八二年發行首張創作專輯《之乎者也》，專輯內單曲〈鹿港小鎮〉歌詞探討台灣經濟起飛後的社會劇烈變遷問題，廣泛引起各方矚目；其後推出的《未來的主人翁》專輯，針對民族、時局、傳統社會，進行了批判與反省，收錄單曲〈亞細亞的孤兒〉，適值美國與中華民國斷交，在台灣引起了熱烈的討論與激盪迴響，羅大佑以眼戴墨鏡，全身黑衣的造型，與美國流行歌手巴布．狄倫（Bob Dylan）極為相似，在當時威權體制甫瓦解之際，是強烈的反叛符號象徵。

❶ 鹿港開台天后宮。

❷ 點燈是民間信仰中流傳多年的儀式。

❸、❹ 天后宮的長廊與殿內。

國姓爺魂歸何處？台南鎮門宮

有一年三月，醫師小說家陳耀昌邀請我到他的故鄉台南，同行的還有華山的董事長王榮文、林志玲的父親林繁男。我們到了鹿耳門溪口的鎮門宮，奉祀國姓爺鄭成功。到的時候約莫十點，廟祝和陳醫師很熟，就在廟旁的小攤子叫了一桌海產給我們享用。

廟祝林忠民跟我說鎮門宮本來只是一個鐵皮的小廟，因為有鄭成功的士兵託夢，希望能在鹿耳門溪的溪口立廟供奉鄭成功。除了主神以外，還供奉媽祖、註生娘娘和福德正神。

比較特別的是二樓採日本和室的設計，供奉鄭成功的媽媽田川氏，有趣的是鎮門宮二〇一五年增祀鄭成功的父親鄭芝龍，但神像後來卻遭竊。我曾經看過一部紀錄片《看不見的台灣》，根據真人實事改編，同樣也是鄭成功來託夢，因為過去曾經屯兵，占領原住民的土地並且占用，想要跟原住民道歉，所以在廟旁的公園舉辦法會。

但現在的平埔族西拉雅人對於法會不滿，抗議消費原住民與阿立祖，在經過通靈人的溝通之後，彼此相互理解，最後連辦三天法會超渡被害的原住民，並且向當年受害的西拉雅人表示歉意。

法會中代表曾經被殺戮的原住民西拉雅族的通靈者，覺得他們已經放下了，不需要被道歉。然而，鄭成功認為以往所有錯的事情，不管是什麼事情，都要「還」，「每一個族群在這塊土地上都要和平相處」。

《看不見的台灣》雖然說的是民間信仰，看不見的台灣就是以往留存在台灣的「能量」，透過那些神明的「傳訊者」，處理過去的歷史傷痕。《看不見的台灣》說的是神明的意思，但其實就是我們現代人的意思，所有的神都是因為人而存在的。我們當代的社會越祥和，神明的世界也會如此。

鎮門宮和一般道教的廟宇比較不同，以白色和紅色為主，屋頂採用歇山頂，是日式建築的一種方式，混和了道教廟宇與日式的建築手法。有趣的是入口處的門神採用的是西洋油畫，門神和一般廟宇不同，是金髮大眼、高挺鼻梁的外國人，畫家是廟祝的哥哥林忠信，他們認為鄭成功廟的門神最適合的就是荷蘭人。

我們在鎮門宮旁的攤子吃飯，廟祝辦了一大桌，有一斤九百元的斑節蝦，還有各式的當地海鮮。當天他講起鄭成功帶著一群過得不如意的部下來向他託夢時，本來是興高采烈在敬酒，突然眼眶泛紅，老淚縱橫，感覺到對於鄭成功的忠誠。

陳醫師好奇的問廟祝：「鄭成功來找你託夢，他長什麼樣子？」廟祝一邊吃飯，一邊咀嚼的時候用手指著我說：「像他那樣，就是多了一點鬍子。」我嚇了一跳。

對於陳耀昌醫師而言，鄭成功的部將陳澤是他的祖先，對於鄭成功也有一份特別的感情，他寫《福爾摩沙三族記》就是向那個時代致敬。鎮門宮所在的地方，在鄭成功時代並不存在，而是當時鹿耳門水道的入口，陳醫師覺得只有鄭成功本人才會想在此處立廟。

小時候的鄭成功與母親田川氏住在日本九州的平戶，到六歲的時候才到廈門，母親後來又被強姦致死。在不同文化生活的鄭成功，或許對於媽媽永遠有著懷念和不捨的情懷吧！

參觀鎮門宮，彷彿走進鄭成功的內心世界。

關鍵詞

福爾摩沙三族記

《福爾摩沙三族記》為台灣醫師作家陳耀昌的大河小說作品，內容是敘述荷據時期的「福爾摩沙」，轉變為鄭氏時期「台灣」的這一段歷史。藉由主角瑪利婭、烏瑪與陳澤等三位分別來自不同民族（荷蘭人、西拉雅人與河洛人）的男女面對戰爭的無情殺戮與親人摯友的永別，刻畫出大時代的背景與小人物的故事。

❶ 田川氏與鄭成功畫像。

❷ 鹿耳門鎮門宮。

❸ 祭祀田川氏的神壇。

蘭陽平原的造紙回憶：中興紙廠

當我們翻開書，或是掏出一張鈔票，還是在筆記本寫下日記，都是與紙的對話，無所不在，而且少不了它。然而，很少人知道台灣曾經擁有全東南亞最大的造紙廠，而且也形塑了宜蘭人的產業記憶。

紙的原料來自木頭大家都知道，但很少人知道紙也可以甘蔗的殘渣——蔗渣製作。日本人統治台灣的時候，大量的種作甘蔗製糖，經濟作物讓日本帝國可以獲利，在統治台灣不久後，台灣的糖類產量就爬到了世界第四。

製糖所產生的蔗渣，因為富含纖維，讓日本的研究人員開始考慮用來製紙。然而，技術上一直無法突破，直到大川平三郎到美國學習製紙的技術，回到日本改良製紙的技術，後來再被邀請到台灣來從事技術上的改良。

大川在一九三三年成功的做出以蔗渣製成的紙，除此之外，還用台灣盛產的芒草作為原料，製作七成芒草、三成蔗渣製成的紙漿，成功地發展出台灣原料製作的紙。由於在宜蘭製造，以「蘭陽印刷紙」成功的打入日本市場。

宜蘭製紙的產業相當成功，為了運輸原料設置了軌道，隨著紙業發展，鐵路配合太平山林場木材的運輸，形成了四通八達的鐵路網。

一九四五年日本無條件投降，所有的產業都被國民政府接管，重新規畫台灣的製紙產業，改組成「台灣紙業股份有限公司」，後來改名為「中興紙廠」。戰後由於蔗糖的產量沒有達到日治時期的產量，改以木漿製紙。

戰後中興的紙業配合政府的政策，主要生產新聞紙，由於當時政府的宣傳需要，生產相當高。加上後來經濟的發展，公司的獲利也增加，很多員工可以工作到退休。

然而，後來因為競爭，政府開放進口國外的紙張，本來是壟斷者的中興紙業出現了很多的競爭者，而且國外進來的紙品質比較好，價格又較低，中興紙業的盈餘就下降，後來開始虧損，直到西元二〇〇〇年左右結束營業。

如果從蘭陽平原的歷史來看，本來是原住民族噶瑪蘭族的天地，後來漢人來了，日本殖民政府將此地的產業設定在稻米和蔗糖，主要作為外銷。讓宜蘭的產業文化和歷史記憶開始轉變的就是紙業，透過蔗渣作為紙漿的原料，讓宜蘭的產業發生變化。

位於宜蘭和羅東的中間，糖廠和紙廠的出現讓宜蘭人除了務農也可以進入工廠工作。從比例來看，一九四〇年代的時候，在紙廠工作的人占當地人口的四分之一，可以說紙廠改變了當地人的生活形態。

歷經了十多年的休息，後來希望透過文化資產保存，同時發展文化創意產業。復原後的中興紙廠讓民眾了解製紙的過程，還有提供民眾休息的空間。紙不僅具有實質的功能，也是文化和工業結合的產業。

中興紙業提供當地將近百年的工作機會，也改變了整個蘭陽平原的景觀，連結了從日治時代到國民政府時期的工業傳承，除了具備歷史的價值，也是蘭陽平原的重要記憶。

關鍵詞

蘭陽印刷紙

中興紙廠支持著宜蘭整個二結與四結地區的居民生計，是全東南亞產量最大的造紙工廠，開拓著關於紙的輝煌年代——從日本人對於利用蔗渣製紙的天才想像與不懈地研發，台灣一度誕生了令人驕傲的「蘭陽紙」。中興紙廠曾是全台最大生產新聞用紙的工廠，甚至曾印刷紙鈔，成立迄今近百年，幾經擴建改組，公營轉民營，今天二結及四結的兩個廠區，依舊每天運轉不停，對二結、四結地區的住民來說，煙囪不只是醒目的地標，更是紙廠發展的軌跡。

太平山林場

太平山的林業資源是一九〇六年警察進行番地巡邏時所發現（最初發現之地為棲蘭山一帶），番地的管理與台灣山林資源的開發有著密切之關連。當時以強悍著稱的泰雅族溪頭群與南澳群居住於此，殖民政府雖然知道此處有豐富之資源，但卻無法進行大規模調查與開採。一九一四年台灣總督府理番事業告一段落，北部地區的原住民多半已歸順日本，營林局認為可以著手進行開發作業，一九一五年轉由營林局管理，開啟太平山受人矚目的林業發展。

宜蘭中興文化創意園區。（圖片來源：達志影像）

參考書目

專書

1. 三尾裕子（著），李季樺、李道道、黃淑芬（譯），《王爺信仰的歷史民族誌》，台北：中央研究院民族學研究所，二〇一八。
2. 中央研究院台灣史研究所、經濟部水利署北區水資源局，《石門水庫歷史檔案中的人與事》，台北：中央研究院台灣史研究所，二〇二三。
3. 王明珂，《華夏邊緣：歷史記憶與族群認同》，台北：允晨文化，一九九七。
4. 王嵩山，《臺灣原住民的社會與文化》，台北：聯經出版，二〇〇一。
5. 王崧興，《龜山島：漢人漁村之研究》，台北：中央研究院民族學研究所，一九六七。
6. 平野久美子，《臺灣的世界遺產潛力點》，台北：聯經出版，二〇二二。
7. 石文誠編，《看得見的臺灣史：人間篇》，台北：聯經出版，二〇二三。
8. 李文良，《成為台灣客家人》，台北：國立台灣大學出版中心，二〇一九。

9. 林美容，《媽祖信仰與臺灣社會》，台北：博揚文化，二〇〇六。
10. 林文鎮編，《澎湖的石滬文化：以吉貝嶼為主的研究》，澎湖：澎湖采風文化學會，二〇〇三。
11. 林蘭芳，《工業化的推手：日治時期的台灣電力化事業》，台北：國立政治大學歷史學系，二〇一一。
12. 蘇峯楠編，《看得見的臺灣史：空間篇》，台北：聯經出版，二〇二二。
13. 宜蘭縣政府文化局，《蒸氣機裡的造紙人：中興百年史》，宜蘭：宜蘭縣政府文化局，二〇二〇。
14. 曹銘宗，《艾爾摩莎的瑪利亞》，台北：時報出版，二〇二一。
15. 徐雨村編，《族群遷徙與宗教轉化：福德正神與大伯公的跨國研究》，新竹：國立清華大學人文社會學院，二〇一二。
16. 胡川安編，《故事臺灣史：10個翻轉臺灣的關鍵時刻》，台北：親子天下，二〇一九。
17. 胡川安編，《故事臺灣史：22個改變臺灣的關鍵人物》，台北：親子天下，二〇一九。
18. 胡川安編，《故事臺灣史：20個奠基臺灣的關鍵地點》，台北：親子天下，二〇二〇。
19. 胡川安編，《故事臺灣史：22個代表臺灣的關鍵事物》，台北：親子天下，二〇二〇。
20. 倪進誠，《台灣的離島》，台北：遠足文化，二〇〇三。
21. 莊永明，《台灣鳥瞰圖：一九三〇年代台灣地誌繪集》，台北：遠流出版，二〇一三。
22. 鈴木會可，《黃土水與他的時代：臺灣雕塑的青春，臺灣美術的黎明》，台北：遠足文化，二〇二三。
23. 陳龍廷，《臺灣布袋戲發展史》，台北：前衛出版社，二〇〇七。
24. 陳志豪，《草山紅：陽明山國家公園的茶業發展史，一八三〇－一九九〇》，台北：陽明山國家公園管理處、衛城出版社、遠足文化。
25. 陳怡宏編，《看得見的臺灣史：時間篇》，台北：聯經出版，二〇二三。
26. 戴寶村，《臺灣的海洋歷史與文化》，台北，玉山社，二〇一一。
27. 張素玢，《濁水溪三百年：歷史・社會・環境》，台北：衛城出版社，二〇一四。
28. 台灣民間真相與和解委員會，《記憶與遺忘的鬥爭：臺灣轉型正義階段報告》，台北：遠足文化，二〇一六。
29. 賴玉玲，《褒忠義民爺信仰》，新竹：新竹市文化局，二〇〇五。
30. 劉益昌，《臺灣史前文化專論》，台北：聯經出版，二〇一六。
31. 謝仕淵，《「國球」誕生前記》，台南：國立台灣歷史博物館，二〇一二。

文章

1. 王文隆，〈臺灣中學地理教科書的祖國想像（一九四九－一九九九）〉，《國史館學術集刊》十七（二〇〇八），頁二〇一－二五一。
2. 王明堂、游萬來、謝莉莉，〈台灣電氣化炊飯器造型及功能的發展研究〉，《設計學報》

十三（三），頁一—二一。
3. 王乾任，〈淺談戰後台灣書店演變史一九四九—二〇一八〉，《臺灣出版與閱讀》七（一〇八：七），頁三四—三八。
4. 何宏，〈粽子起源考〉，《中華飲食文化基金會會訊》十六：二（二〇一〇），頁四一—五三。
5. 巴蘇亞・博伊哲努（浦忠成），〈祖源聖山（一）：鄒族與布農族的玉山神化〉，《臺灣學通訊》四二（二〇一六），頁六—七。
6. 林春美、陳婉平，〈藍地黃虎旗？旗幟，真實性與認同〉，《臺灣博物館季刊》三一（四），頁二〇—二三。
7. 林蕙安，〈生活中的黨國：從「唱國歌」看愛國身體規訓與臺灣的民主化〉，《國史館館刊》七五（二〇〇三），頁一—四四。
8. 林文源，〈「記疫」：朝向公共化的在地認識論〉，《思想》四四（二〇二二），頁一五五—一六〇。
9. 林美容，〈土地公廟—聚落的指標：以草屯鎮為例〉，《臺灣風物》三七（一），頁五三—八一。
10. 林茂賢，〈悲天憫人中元祭：走訪臺灣各地特色普渡〉，《傳藝雙月刊》一〇六（二〇一三），頁二八—三七。
11. 李明儒、陳昭淵，〈澎湖石滬申請世界遺產的推動策略與行動評析〉，《二〇二三年全國大選後府際治理國際學術研討會》，頁一—一六。

12. 李筱峰，〈兩蔣威權統治時期「愛國歌曲」內容析論〉，《文史台灣學報》一（二〇〇九），頁一二〇—一六二。

13. 施如芳，〈歌仔戲電影所由產生的社會歷史〉，《新聞學研究》五九（一九九九），頁二三—四〇。

14. 阮斐娜，〈西川滿和《臺灣文藝》：東方主義的視線〉，《中國文哲研究通訊》十一：一（二〇〇一），頁一三五—一四五。

15. 阮昌銳，〈中元普渡習俗及其意義與特色〉，《傳藝雙月刊》一〇六（二〇一三），頁六—一七。

16. 阮昌銳，〈中元普渡習俗及其意義與特色〉，《傳藝》一〇六（二〇一三），頁六—一七。

17. 江柏煒，〈和平與和解：金門與馬祖戰地歷史及文化景觀保存的核心價值〉，《文化資產保存學刊》四五（二〇一八），頁七九—一一七。

18. 方嵐亭，〈解嚴三十年，看言論自由今昔〉，《新使者》（二〇一七），頁一二—一五。

19. 周至仁，〈詩情與畫意：郭雪湖《南街殷賑》觀後〉，《東海大學圖書館館刊》六〇（二〇二一），頁三五—六九。

20. 周俊宇，〈光輝雙十的歷史：中華民國國慶日近百年的歷史變貌〉，《國史館館刊》三〇（二〇一一），頁四—五二。

21. 胡金印，〈都市河岸觀光景觀之形塑：以高雄市愛河為例〉，《高雄文獻》（二〇一二），頁八一—一二三。

22. 蔡沛霖，〈漫畫文物保存與國家漫畫博物館籌備初期過程之初探〉，《博物館與文化》二五（二〇二三），頁四三—六八。

23. 蔡蕙頻，〈從「草山」到「陽明山」：一個地景文化意涵的演變歷程〉，《白沙歷史地理學報》八（二〇〇九），頁一二七—一五二。

24. 蔡思薇，〈臺灣民主國之旗：一面國旗的身世與故事〉，《臺灣博物館季刊》三一（四），頁四〇—四三。

25. 郭玉敏，〈物、靈與遺產建構：從排灣望嘉雙面祖先像石雕柱談起〉，《博物館與文化》二一（二〇二一），頁八一—一〇〇。

26. 楊玉姿，〈一九四一年的高雄驛歷史紀要〉，《高雄文獻》十一：二（二〇二一），頁一六八—一八四。

27. 楊凱成，〈鹽業文化資產觀光下的記憶製作〉，《博物館學季刊》，二五（三），頁五—四一。

28. 葉韻翠，〈建構記憶之地：中正紀念堂領袖紀念館中的國族地方感〉，《博物館學刊》三四（一），頁四五—六四。

29. 陳鴻圖，〈從陂塘到大圳：桃園臺地的水利變遷〉，《東華人文學報》五（二〇〇三），頁一八三—二〇八。

30. 陳峻誌，〈中秋為什麼烤肉？一個傳統節慶轉換現代風貌的考察〉，《興大人文學報》四

○（二○一六），頁一五七—一八六。

31. 陳品嘉，〈空白島嶼的多重想像：龜山島的空間生產與論證〉，《中華民國地理學會會刊》七一，頁一—二○。

32. 蔣雅君、葉錡欣，〈「中國正統」的建構與解離：故宮博物院之空間表徵研究〉，《國立台灣大學建築與城鄉研究所學報》二一（二○一五），頁三九—六八。

33. 曹欽榮，〈臺灣民主運動之後綠島監獄紀念園區的挑戰〉，《博物館與文化》二○（二○二○），頁五七—八二。

34. 俞美霞，〈端午之源起與歲時飲食〉，《人文集刊》一（二○○三），頁一—一八。

35. 溫宗翰，〈名間鄉受天宮玄天上帝香期形成探究：兼談民間信仰文化資產樺的發展省思〉，《臺灣宗教研究》十四：一（二○一五），頁九三—一一九。

36. 溫宗翰，〈家將傳承的身心靈〉，《鄉間小路》四四：一二（二○一八），頁七六—七七。

37. 鄭永祥，〈阿里山森林鐵路之過去、現在與未來〉，《檔案半年刊》十：二（二○一一），頁二八—三七。

38. 清水美里，〈殖民地統治下水利自治的可能性和限制—以嘉南大圳組合為例（一九二○—一九四三）〉，《白沙歷史地理學報》一九（二○一八），頁六三—八三。

39. 謝明勳，〈高雄車站帝冠式建築遷移保存紀實〉《高雄文獻》十一：二（二○二一），頁一五○—一六七。

40. 凌韞筑、李芝璇，〈再見蔣公：論臺灣社會對蔣介石觀點之轉變〉，《新北大史學》一八

（二〇一五），頁三九—五五。

41. 梁斐文，〈宗教行營利組織行銷策略研究：以慈濟功德會為例〉，《社區發展季刊》一一二（二〇〇五），頁二〇六—二一五。

42. 邱毓斌，〈另一種轉型正義：樂生療養院保存運動〉，《思想》六（二〇〇七），頁一—一八。

43. 殷寶寧，〈一座博物館的誕生？文化治理與古蹟保存中的淡水紅毛城〉，《國立自然科學博物館》二七（二），頁五—二九。

44. 張珣，〈海洋台灣的民俗信仰傳統：以媽祖與王爺為例〉，《臺北城市科技大學通識學報》四（二〇一五），頁七五—八四。

45. 洪連成，〈台灣機車產業發展與未來〉，《生活科技教育月刊》四三：三（二〇一〇），頁二四—三四。

46. 許楓靈，〈便利，無所不在〉，《便利商店業之現況與未來》三二：二（二〇一九），頁一二一—一二九。

47. 顏綠芬，〈論歌仔戲從民歌、說唱至戲曲音樂的蛻變〉，《音樂臺灣：百年論文集》，台北：白鷺鷥文教基金會，一九九七。

碩博士論文

1. 王紹傑，〈臺灣日治時期公會堂建築研究〉，台北：國立台北藝術大學建築與文化資產研究所碩士論文，二〇一六。
2. 王志宇，〈中秋烤肉：論戰後中秋節俗活動的變遷〉，《興大人文學報》五二（二〇一四），頁九三—一一〇。
3. 朱瑪瓏，〈近代颱風知識的轉變：以臺灣為中心的探討〉，台北：國立台灣大學歷史研究所論文，二〇〇〇。
4. 李孟倫，〈東谷沙飛：一個布農族部落「望鄉」的想像與實踐〉，南投：國立暨南大學人類學研究所碩士論文，二〇二二。
5. 李素馨，〈島嶼觀光地景中的異國想像〉，《島嶼觀光地景中的異國想像：馬祖芹壁個案研究》，台北：國立臺灣師範大學，二〇二二。
6. 湯仁方，〈內門總舖師傳承與文化延續〉，高雄：義守大學管理學院管理碩士在職專班，二〇一六。
7. 陳奕彤，〈戰後臺灣春節風俗變遷之研究：以聯合報、經濟日報報導為探討中心（一九五一—二〇一九）〉，台北：國立台灣師範大學社會教育學系碩士論文，二〇二〇。
8. 郭昱麟，〈中興新村空間治理：結構與能動的對話〉，台北：國立台灣師範大學碩士論文，二〇一七。

9. 羅慧芬，〈日治時旗鳥瞰圖之研究：從日本繪師之眼見臺灣〉，屏東：國立屏東教育大學視覺藝術學系碩士論文，二〇一一。

國家圖書館出版品預行編目資料

記憶台灣. 1, 從生活文化、教育信仰，看見台灣多元視角的每一幕/ 胡川安作. -- 初版. -- 臺北市 : 麥田出版, 城邦文化事業股份有限公司出版 : 英屬蓋曼群島商家庭傳媒股份有限公司城邦分公司發行, 2025.03
面； 公分. --（麥田人文；40）
ISBN 978-626-310-839-4（平裝）

1. CST：臺灣文化 2. CST：臺灣史

733.4 114000591

麥田人文40

記憶台灣1：
從生活文化、教育信仰，看見台灣多元視角的每一幕

作　　　者　胡川安
責 任 編 輯　林秀梅　陳佩吟
校　　　對　杜秀卿
版　　　權　吳玲緯　楊　靜
行　　　銷　闕志勳　吳宇軒　余一霞
業　　　務　李再星　李振東　陳美燕
副 總 編 輯　林秀梅
總　經　理　巫維珍
編 輯 總 監　劉麗真
事業群總經理　謝至平
發　行　人　何飛鵬
出　　　版　麥田出版
城邦文化事業股份有限公司
台北市南港區昆陽街16號4樓
電話：886-2-25007696　傳真：886-2-2500-1951
發　　　行　英屬蓋曼群島商家庭傳媒股份有限公司城邦分公司
台北市南港區昆陽街16號8樓
客服專線：02-25007718；25007719
24小時傳真專線：02-25001990；25001991
服務時間：週一至週五上午09:30-12:00；下午13:30-17:00
劃撥帳號：19863813　戶名：書虫股份有限公司
讀者服務信箱：service@readingclub.com.tw
城 邦 網 址　http://www.cite.com.tw
麥田部落格：http://ryefield.pixnet.net/blog
麥田出版Facebook：https://www.facebook.com/RyeField.Cite/
香 港 發 行 所　城邦（香港）出版集團有限公司
香港九龍九龍城土瓜灣道86號順聯工業大廈6樓A室
電話：852-25086231　傳真：852-25789337
電子信箱：hkcite@biznetvigator.com
馬 新 發 行 所　城邦（馬新）出版集團
Cite（M）Sdn. Bhd.（458372U）
41, Jalan Radin Anum, Bandar Baru Seri Petaling,
57000 Kuala Lumpur, Malaysia.
電話：+6(03)-90563833　傳真：+6(03)-90576622
電子信箱：services@cite.my
封 面 設 計　朱　疋
電 腦 排 版　宸遠彩藝工作室
印　　　刷　沐春行銷創意有限公司
初 版 一 刷　2025年4月

定價／520元
ISBN：978-626-310-839-4
9786263108400 (EPUB)

城邦讀書花園
www.cite.com.tw